拋竿人生

英國新世代頂尖女釣手突破限制，勇敢追尋自我與夢想的非凡旅程

Cast, Catch, Release

The inspiring and uplifting memoir about fishing, rivers and the power of water

MARINA GIBSON

瑪莉娜．吉布森——著

蘇楓雅——譯　吳永鴻——審訂

謹以本書，紀念瑟橘、提摩西叔叔與米克·梅

CONTENTS

釋回

【推薦序】

從垂釣中找到屬於自己的平靜與力量

文／自然之筆（Youtube 自然之筆玩飛釣）

當多數女孩在二十一歲生日時，夢想著一枚閃耀的紅寶石戒指，瑪莉娜卻選擇了兩根釣竿，做為她開啟人生新篇章的禮物。這個看似不同尋常的選擇，不僅展現了她獨特的個性和對自然的熱愛，更體現了無數釣魚人內心深處的渴望。

在毛鉤釣（飛蠅釣）這個長期由男性主導的領域裡，瑪莉娜猶如一條奮力逆流而上的鮭魚，以她的熱情和勇氣，創辦了毛鉤釣（飛蠅釣）學校，成為一名專業的垂釣嚮導與教練。她不僅打破了傳統的性別藩籬，更為這項運動注入了前所未有的活力。

我深深認同瑪莉娜在書中所說的：「沒有什麼事比釣魚更能讓人保持正念、平息焦慮和建立自信了。」在我們這個充滿壓力和焦慮的時代，釣魚提供了一個難得的喘息空間。無論是與朋友共享歡樂時光，還是獨自一人享受寧靜，釣魚都能讓我們暫時忘卻煩憂，重拾內心的平靜。

瑪莉娜的文字，不僅是對毛鉤釣（飛蠅釣）技巧的分享，更是對生活態度的深刻體悟。她用她的故事告訴我們，釣魚不僅是一種運動，更是一種生活方式，一種與自然連結、與自我對話的方式。透過她的分享，我們得以重新審視自己與自然的關係，並從中獲得療癒和力量。

這本書不僅適合熱愛釣魚的朋友，也適合所有在生活中尋求平衡和寧靜的人。相信讀者們能從瑪莉娜的文字中，找到屬於自己的那份平靜與力量，並帶著更大的能量，回到我們各自的職場和生活中。

00

序幕

樹木在我周圍赫然聳現，好像在默默地對我評頭論足。就連那些位於附近懸崖頂上的樹木，似乎也在注視著我收回手肘、準備拋投的姿勢[1]。我專注地向下望著水中微弱的光線，那光線告訴我現在正是採取行動的時刻。

我來到玻利維亞，是為了尋找一種稀有、近乎奇蹟，且是每位釣者都夢寐以求的魚。被稱為「河虎」的黃金河虎魚（golden dorado），是流經亞馬遜雨林的水域中的頂級掠食者，也是世界上最彪悍的釣遊魚（game-fish）之一。當牠超凡、閃亮的金色頭部浮出水面時，會閃爍著誘人的光芒，然後牠會張開嘴，露出鋒利的牙齒和活塞般強大的下巴，使牠成為獵人和獵物的凶猛對手。當一尾黃金河虎上鉤並試圖逃脫時，水面不只會泛起漣漪，更會沸騰，冒出戰鬥與逃跑反應所衝撞出的泡沫。在我走遍世界各地尋找的所有魚類中，這是我真正期待已久的魚，為了牠，我不辭千里而來，在許多方面都付出了努力。旅程初期，我釣到了幾條小河虎，但現在一週就快結束，真正的體驗——入袋龐然大物——仍然與我擦肩而過。我知道我不能沒有釣到牠就離開雨林。

「叢林要不接受你，要不就是把你吐出來。」我們的嚮導在旅程第一天就這樣告訴我們。在那一個星期裡，我覺得叢林好像把我整個人都吞沒了；叢林的色彩和聲音如此強烈，茂密的地貌如此遼闊又令人充滿不祥的預感，有時候很難想像在其巨大的範圍之

這種釣法所使用的毛鉤，已不只是模擬浮游或蒼蠅，而若只強調重量線「飛舞」的特色，又會忽略用毛鉤擬態這個重要部分，因此本書採用「毛鉤釣」這個較為中性的譯名。

外還有什麼可以存在。金剛鸚鵡在空中尖叫，潮溼的空氣中似乎有成群的小沙蠅在嗡嗡飛舞（打從這週一開始，小沙蠅就已經穿過我緊身褲上的網孔，把我的腿咬得通紅）。當我們垂釣時，豔麗的蝴蝶會宛如五彩紛飛的彩紙般停在我們周圍，伸直牠們的吸食管吸取鹽分。

這裡是塞圭爾河（The Sécure River），是流入浩瀚亞馬遜河的支流的支流的支流。連日以來，我們乘坐木製獨木舟穿越這條河，經過狹窄河段時，兩旁河岸靠攏，樹冠將我們包圍；到了較寬廣的河段，樹木退去，讓河水流得更開闊，圓形巨礫在河面上形成圓點，而每塊巨礫都可能是黃金河虎魚的藏身之處。大部分的河岸都是岩石，但也有一些是沙灘；嚮導告訴我們要拖著靴子走過沙灘，以避開任何可能埋藏在沙灘表面下的魟魚。

我的釣魚夥伴和嚮導在潭區的更上游，我在這片荒野中感到全然的孤獨，我的靴子緊抓著岸邊光滑的石頭，凝視著因最近的洪水而變得比平常更混濁的河水。在經歷小沙蠅的痛咬後，我開始穿又長又薄的褲子，在悶熱的天氣下，褲子緊緊地貼在我的腿上。

然而，即使感官強烈沉浸在這個環境中，我仍然無法驅逐那些我千里迢迢到此企圖逃離的思緒。儘管我來到玻利維亞是為了尋找黃金河虎魚，但我也在拚命地逃避一些事

1 編按：本書中所述均為「Fly Fishing」這種釣魚法，其兩大特色為釣線有重量，在拋竿時會呈現在空中前後「飛舞」的樣態，以及用毛鉤模擬浮游、蒼蠅等水生昆蟲來誘魚。一般常見的中文譯名有「毛鉤釣」、「飛蠅釣」或「飛釣」等。因為

情。我的婚姻維持不到兩年，似乎已經註定要失敗。

我退縮到叢林裡，想逃開一切，讓自己迷失在這最極端的釣魚環境中。可是我沒辦法集中精神。平時垂釣所帶來的寧靜，現在卻像斷斷續續的無線電訊號，一陣陣的自責如靜電，規律地打斷寧靜。即使在這杳無人煙的地方，距離我在英國的家千里之外，各種問題還是跟隨著我。怎麼會變成這樣？真的會這麼快結束嗎？周遭的人又會怎麼說呢？

當我終於在一棵斷掉且泡在水裡的樹幹下看到那抹金色時，我知道我應該再等等。在英國，我習慣使用較簡單的線結，不過我知道在這裡，我需要打出水滴形的完美環結（perfection loop）[2]，這個結必須牢牢地固定住毛鉤，才能禁得起河虎的猛咬。我看得見我們的嚮導魯卡斯，但他離得太遠，我叫不到他。我知道這是**屬於我的**老虎，是我來到此地要釣上岸的魚，我不敢讓這一刻溜走。在本能的驅使下，我的手指開始打一個改良版克林奇結（improved clinch knot），將釣線的末端穿過毛鉤，再將線纏繞自身五圈。然後先穿過靠近毛鉤的小環圈，再穿過大環圈，在我的嘴裡把線結沾溼後，再把兩端拉緊。這其實是釣鱒魚或鮭魚用的線結，但此刻也不得不用。

綁好毛鉤後，我快速拋竿至目標的下方，然後用右手將釣線往後拉，直到我感受到

2 編按：一種適合綁在釣線或細線上的線結，非常安全穩固，不易解開。

魚顎釣餌被固定住時那令人安心的碰撞。這還不是我所預期的凶猛拉扯——那會在我「作合」之後，將鉤子掛牢在魚嘴中，展開收線的過程時出現。

如果這是一條鱒魚，我只需要巧妙地抬起竿子就能完成揚竿的動作。但是在黃金河虎魚堅硬、無情的口中，則需要更多的動作：一手持竿並將竿子指向魚，另一手持線並用力拉線，以便在線上施加最大的力量，才能讓鉤子牢牢釘入魚的口中。我做好準備，站穩雙腳以承受魚兒反抗的全部重量，期待感受作合帶來的滿足感。

可是突然之間，我只感覺到釣繩的鬆弛。樹木依然高聳，蝴蝶依然盤旋，金剛鸚鵡依然鳴叫，但魚兒已經溜走了。

很快地，我就發現了一個令人羞愧的事實。這並不是拋投技術、也非作合技巧的失敗。問題出在更基本的地方——在我匆忙中打的結上。我過於急躁地想抓住機會，而沒有等待救援到來。線結於是在施壓下斷裂了。這是一個丟臉的錯誤，發生在最糟糕的時刻，就像一位賽跑選手在離開起跑架時，不小心被自己鬆開的鞋帶絆倒一樣。幾分鐘之後，魯卡斯就出現在眼前，露出一個早已見怪不怪的微笑，說道：「妳為什麼不等我？」

被扯斷的毛鉤不只代表失去一次漁獲，也不只是我願望清單上的一條魚從手中溜走。牠在我心底敲響了一記警鐘；我正在做錯誤的決定，我的思緒開始失控，就像我逐漸感受到的生活一樣。釣魚向來是我抵禦失控的一層保障，讓我有機會解除頭腦的束縛，從翻騰的思緒中得到喘息，在我蹣跚地走過每一天，試圖假裝自己一切正常、可以完美運作的時候。

可是現在，我的婚姻還沒到棉婚紀念日就開始變質，何況是更珍貴的東西——我一向能用來擋住自己的那扇門再也擋不住了。幾個月來的否認對我造成問題，壓力變得太大了。

縱使釣魚看起來讓我嘗到了敗果，它仍然指出了前進的道路。到目前為止，我一直處於恐懼和懷疑的狀態中，無法向前或向後踏出一步。現在我清楚了。即使挫折感湧上心頭，為了我拚命追尋卻不知何故溜走的魚，為了我曾深信不疑但現在失去信心的婚姻，我知道我必須做什麼了。事情不能再拖下去了。

我從玻利維亞回到家的第二天，就做了決定，也解開了婚姻的結。

這不是第一次釣魚把我從絕望中拉出來，拋出一條我可以抓住的救生線，幫助我找到其他地方找不到的答案；這當然也不會是最後一次。

CAST
抛竿

01
一名鮭魚垂釣者的誕生

「是妳爸爸教妳釣魚的嗎？」在釣魚的湖邊及河岸上，我被問過這個問題太多次，數也數不清。不過第一次帶我去釣魚，教我如何綁上毛鉤和拋出釣線的人並不是我爸爸。對我來說，一直都是和媽媽一起釣魚的；她是我的第一位老師，也是給我最大鼓舞的人，現在她仍然是我最理想的釣魚夥伴。

我最早的釣魚記憶裡就有她，在我們格洛斯特郡（Gloucestershire）當地的鱒魚池旁，那時的我揮動著蝦網，撈起任何我可以找到的會蠕動、飛行和漂浮的生物。媽媽會用叫喊或潑水的方式，警告我和哥哥馬庫斯要安靜，不要把魚嚇跑。那時的我沒有任何技術可言；沒有釣魚的知識，也沒有想過釣竿和釣線必須形成的環圈之間的關連。只想著水，一大片寂靜的水面下，隱藏著一個宇宙的奧秘。在我還不懂什麼是釣魚之前，我就愛上了水；在我還沒有握過釣竿，還沒有感受到魚兒溼漉漉的皮膚在我手掌上蠕動，還沒有近距離看過魚身上的光澤之前，我就愛上了水。

後來，媽媽教我如何釣魚和釣魚的意義，分享她從小培養的對水域及釣魚運動的熱愛；兒時的她曾在華威郡（Warwickshire）的住家附近，徒手在小溪捕捉鯰魚（bullheads）和刺背魚（stickleback）。我們從一開始就一起釣魚了；她懷著我，挺著八個月的身孕，因為不能涉入深水，她就站在劉易斯島（Isle of Lewis）的一座峽谷頂端拋投作釣，四周滿是飛舞的搖蚊。

「我沒去過外赫布里底群島（Outer Hebrides）[3]。」我曾這麼說。

「噢，妳去過呢。」媽媽告訴我。

水和水底下的一切是我童年生活的重心，只要時間允許，我通常會和哥哥一起到戶外活動——照顧我們飼養的動物，在附近的樹林裡遛狗，纏著媽媽要她帶我們去鱒魚池。無論做什麼，我們都爭先恐後。在週末和學校放假日的早晨，我和馬庫斯會比賽誰最先跑出我們位於斯托昂澤沃爾德（Stow-on-the-Wold）的家，衝過院子，越過對我六歲的身體來說顯得巨大的木門。我們手拿一桶飼料，戰戰兢兢地進入雞圈，提防有時衝過來的小公雞，用牠的距[4]攻擊我們，那些奇特的爪子從牠們的腿部向後彎，像極了小型的犀牛角。雞群只是我們圈養的許多動物的一部分，這些動物有時使我們家看起來像一個小型農場，裡面還有我們的狗、貓、倉鼠、蝌蚪和竹節蟲。在大門旁邊，我會在蔓生植物上發現庭園蝸牛，然後將牠們帶進屋內，一次一隻，為牠們蓋房子，並欣賞牠們在地板上和牆上留下的閃亮足跡。

在幼年模糊的記憶中，某些新奇發現的細節，仍保有鮮明的輪廓：浮游伸著慵懶、

3 譯註：劉易斯島就是外赫布里底群島中的主要島嶼之一。

4 編按：公雞腳上蹠骨後上方突出像腳趾的部分，中有硬骨，外包角質，打鬥時可做為武器。

彎曲的腿和尾巴，聚集在我第一次學釣魚的鱒魚池塘周圍；水甲蟲黑曜石般的身體；蠑螈伸展的四肢和斑駁的皮膚。我還記得我曾以為蠑螈是迷你恐龍，彷彿牠是直接從我的圖畫書裡走出來一樣。

在這些最初的片段之後過了幾年，記憶開始成形：我帶著顏料到水邊，收集裝飾用的鵝卵石，挑選那些光滑到可以緊貼掌心、但是又大得足以讓我的畫筆在上面揮灑的石子。我的父母在河的下游釣魚，儘管是蘇格蘭的夏天，我母親仍一絲不苟地穿著斜紋軟呢羊毛衣，父親則穿著常見的藍色毛衣。我喜歡看他們拋竿：爸爸身姿挺拔，運用他每一吋的體格優勢，迫使毛鉤橫越整個河面；媽媽平穩而寧靜，每個動作都精準到位，與水配合得天衣無縫，毫不費力。他們釣魚，我作畫，河水潺潺流過。

我累積了一小堆鵝卵石，放在河岸上晒著淡淡的陽光，這時我看到了牠。一絲陽光閃爍在一個不該出現在這裡的東西上：一隻蜻蜓的半透明翅膀，躺在岸上。害怕驚動牠，我幾乎不敢呼吸，我走近一點，瞇起眼睛看著這隻昆蟲細長的黑腿和尖尖的腹部，上面有黑藍相間的花紋。牠仍然一動也不動。過了一會兒，我才意識到牠不是在休息，而是死了；牠最後的飛行就降落在我身邊，而我卻沒有注意到。牠從我面前的水域誕生，從產在那裡的卵中孵化出來，最後回到河流的峭壁上死去。

我輕輕抓住蜻蜓的尾巴，把牠捧放在手掌心。牠小小的身體既纖細又強壯；牠的四片翅膀薄如紗，曾經可用驚人的速度推動牠在天空飛行，微小的深色血管不規則地遍布其上。我決定把牠帶回家珍藏，連同那些我花了大半天時間裝飾的鵝卵石。在家裡，我們會為這些石頭塗上一層亮光漆；有些會用來當門擋，其餘的我會放在自己臥室的窗台上，做為已逝夏天的回憶，以及對下一個夏天的期盼。

「那是什麼？」

我太投入了，以至於沒有注意到站在我旁邊的傑米。我們兩家人正在一起度假，將來他會是我的朋友。但現在他只是一個男孩，像每個男孩一樣提出問題與要求，堅持要讓他們加入。我用一隻手掌輕輕覆蓋另一隻手掌，小心翼翼地保護著我的蜻蜓。

「我看到妳拿著那些蠢石頭。」

「它們才不蠢呢。」

「蠢。」他從我的石堆裡撿起一顆，丟進水裡。我看著它消失，被穩定的水流聲無聲地吞沒。

「不要丟！」

「**真蠢**。」又一顆石頭被丟出去。

他轉頭看著我，臉上帶著嘲弄。我感到憤怒，突然間，我的手不再輕托和保護著蜻蜓。手張開了，接著我們看到蜻蜓的身體飄回到地上。

我們彷彿都知道接下來會發生什麼事。

當他抬起腳，踩在沒有生氣的蜻蜓身體上時，我的手握成拳頭，一拳打在他的臉上。他尖叫，這時輪到大人的嗓音提高了。有嚴厲的話語、勉強的道歉、鄭重的承諾，保證這種事情以後不會再發生。我那被踩碎的蜻蜓被遺忘了；有一些石頭會得到搶救，但是回到家後，它們述說的故事將永遠不同於我畫在它們上面的故事。

大西洋鮭魚的史詩之旅

大西洋鮭魚的產卵既是結束，也是開始。對於成熟的雌雄鮭魚來說，這是一段旅程的尾聲，這段旅程將牠們從故鄉的河流帶到危險的海洋，經歷覓食、成長，最終再返回故鄉：大自然偉大的洄游歷險故事之一。通常鮭魚都是睽違多年後才回到這些溪流，正是這些溪流把牠們帶到這個世上。現在，牠們必須完成這趟跨越各洲的數千哩之旅所背負的使命。

雌鮭魚會等到秋天或初冬河水變冷時才產卵。牠會尋找淺瀨（riffle）——即一處河水較淺且流速較快的區域，那裡沉澱物也較為粗糙，是礫石而非淤泥——來做為築巢的穩固基地。在這裡，快速的水流可提高氧氣含量，並防止在同一區域有太多其他的巢，避免幼魚集中在一起而助長掠食者，以及加劇食物的競爭。

雌鮭魚用尾巴拍打和掃過河床，移動石頭和砂礫，打造出一個坑做為牠的巢穴，稱為「產卵床」（redd）。雌鮭魚的配偶就在附近，受到雌鮭魚釋放的費洛蒙所吸引，同時提防著任何競爭的雄鮭魚。一旦雌鮭在產卵床產卵後，雄鮭魚會立即移動至產卵床上，排射精液完成受精。接著，雌鮭會用新的砂礫將卵覆蓋，封住一個產卵床後，再打造另一個產卵床。這對雌雄鮭魚會一起連續重複這個儀式好幾次，直到雌鮭魚產下全部的卵，留下成千上萬顆橘紅色的球體埋在多個產卵床裡；魚卵表面的黏性幫助它們彼此黏附，也黏附在河底的砂礫上。

在這個過程中，鮭魚的游動及河水的激流會逐出一些魚卵，使它們永遠離開安全的產卵床。這些魚卵只是大西洋鮭魚在生命各階段所面臨的險境當中，最先犧牲的第一批受害者。在魚卵還沒有機會孵化之前，寒冬將造成更多的傷亡。雌鮭魚在產卵期所產下的數千個卵之中，只有少數能存活到成熟期，並繁衍後代。

至於存活下來的魚卵，會在早春因水溫上升而開始孵化。在這個階段的魚卵有如白色珍珠，卵中仔魚明亮的眼睛已明顯充滿生氣。牠的身體已經變得強壯，再也無法被限制在卵殼裡。牠開始在卵中移動和扭動，在牠的禁閉空間中掙扎。一粒卵的顫動引發另一粒卵的顫動，牠們於是開始產生連鎖反應，一粒粒孵化。

剛孵出的囊魚苗（alevin）[5]像蟲，呈半透明狀。牠們強壯得足以逃出卵的束縛，但尚未離開產卵床。接下來的一、兩個月，牠們將處於出生與生命之間的過渡空間（liminal space），依然生活在保護牠們的巢穴中，魚卵殘餘的部分附著在牠們的小腹上，呈金黃色，[6]為仍然無法獨立覓食的幼魚提供營養。等到這部分全都被吸收完，囊魚苗才算準備好離開產卵床，開始在河中生活。

---

5 編按：身上還帶有卵黃囊的幼魚。

6 編按：這部分即稱為「卵黃囊」。

「快來啊！」

時值夏季，微風拂過湍急的河面。斯佩河（River Spey）斜向流淌過蘇格蘭東北部，是一條蜿蜒貫穿蘇格蘭歷史和重要產業的水道。斯佩河從莫納利亞山脈（Monadhliath Mountains，又稱灰山〔grey hills〕）涓涓流下，茶色的河水橫越最初由冰河時期消退的冰川在陸地上切割出來的河道，融冰的水流開鑿出水道，匯集成河川，並在硬岩與軟岩交接處形成瀑布。之後，斯佩河向北蜿蜒穿越凱恩戈姆山脈（Cairngorms），流經峽谷、冷杉林和樺樹林，再繞過利用河水生產威士忌的釀酒廠，以及曾經依賴河水運送木材的舊時造船小鎮，然後越過莫里郡（Morayshire）的鄉間，直到在波特諾基（Portknockie）和洛西茅斯（Lossiemouth）兩個小港的中點注入北海。

沿著長達一百哩的河道，斯佩河見證了眾多非凡的野生動物：歐亞水獺會像人類垂釣者一樣孜孜不倦地在水域中釣魚；魚鷹會在上方巡邏，俯衝入水抓魚；偶爾還能看見紅鹿涉水而過，垂下鹿角低頭喝水。

然而，斯佩河真正的代名詞是大西洋鮭魚。每年都有數以千計的鮭魚在游過漫長里程後終於抵達斯佩河口，還要再逆行最後一百哩回到牠們的水域，以完成遷徙。尾隨在後的是垂釣者，成群擠滿河流的下游河道，這裡可是世界上最著名的鮭魚垂釣河段之一。對於追逐鮭魚的釣者來說，斯佩河是最神聖的水域，而我們腳下的河岸即是聖地。不過，在孩童的心目中，這裡只是釣魚的地方，現在我已經有了釣竿和釣線，正在學習釣魚的基本技巧。我今年八歲，是一名新手，而且相當沒有耐心。我確信在釣魚旅行中，除了河岸以外，待在任何其他地方都是浪費時間。

我們一行人中的大人，包括我的父母和教父則不這麼認為。他們跟我隔著一段距離，還在享用我因為急著回去釣魚而匆匆結束的野餐。

我可以聽到他們的對話，蓋過河水輕柔的流動聲，以及雀鷹或蠣鷸尖細的啁啾聲。我來回踱步，用我的長筒橡膠鞋把綠草踩平，一直等著午餐時間結束，好讓我可以重新開始釣魚。似乎沒有人注意到我遊蕩到別處去了。

「快點**啦！**」

我可以感覺到心中開始湧現一股挫折感。「她就像一瓶汽水。」日後有一位老師會這麼說我，形容那份我未來將學會去欣賞和抱怨的帶著急迫感的熱情，這種特質會引發衝動的決定，以及衝動決定必然會導致的後果。

不等了。我從架子上拿起一根釣竿，釣線已經穿好，毛鉤仍綁在上面。這根釣竿的

---

7 編按：即「雙手竿拋投」，因斯佩河當地釣者多用長竿、雙手持竿的方式作釣而得名，後來泛指雙手竿拋投。

設計是要用雙手握住的，它有點大，我無法輕鬆掌控，拿起來有些晃動，可是我已經覺得手掌中的軟木握把握起來很舒服，而這種感覺在日後將變得無比熟悉。我帶著怒氣大踏步地走到岸邊，開始拋竿。

那天稍早的時候，我學會了與這條河同名的一個技巧——「斯佩拋投」（Spey cast）。[7]一位吉利（ghillie）帶著馬庫斯和我乘小船遊河，「吉利」是負責維護河道並協助遊客釣魚的蘇格蘭傳統釣魚嚮導。我們在潭區——水深、水流緩慢的河段——繞了一圈又一圈，他也向我們示範斯佩拋投的一個優美動作（circular sweep）：操作釣竿竿先（rod tip）[8]在空中劃出一個類似由下向上的D形軌跡，讓釣線也沿著這個軌跡呈現出一個D形環圈，然後拋向水面。我母親說我們看起來就像〈貓頭鷹和貓咪〉（The Owl and The Pussycat）[9]裡的角色，兩個小孩和一個白髮蒼蒼、頭戴斜紋軟呢帽的男人，乘著小船打轉，用釣竿練習拋圈。

現在，我即使還沒有準備好，也已經迫不及待地想現學現賣了。我沒有技巧。儘管我知道好的拋竿**看起來**是什麼樣子，但是從任何合理的定義來看，我都還不算是在釣魚：我的肩膀和手臂的動作在應該流暢的地方顯得僵硬，靠的是蠻力而不是節奏。我猛力地把釣線往回拉，把它拖高繞過肩膀一圈，然後往前拋到水面上。我一而再、再而三

8 編按：釣竿最前端的部分，通常是釣竿最細、最柔軟的一段。

9 編按：十九世紀英國知名作家與漫畫家愛德華．利爾（Edward Lear，1812-1888）創作的童謠詩，故事描述一隻貓頭鷹與一隻小貓乘著一艘小船展開的浪漫冒險，旅途中還遇見一隻豬與一隻火雞。

地這樣做，雖然是蹩腳地模仿真正的拋投，但仍然感覺很好，因為我有在做一些事，而有做總比沒做好。

我不知道自己這樣做了多久事情才發生。當釣線被拉緊時，一陣驚喜從我胃部迸發；神經末梢開始興奮發麻。我的大腦注意到釣線的末端有重量，而我意識到有魚咬住了毛鉤。那不是斯佩河的招牌鮭魚，而是另一種回到其水域的洄游魚類——海鱒。我一直期盼的事情終於發生了，而且是在我還不知道該怎麼做的時候。到現在，縱使我是從容地朝著已確認的目標拋竿，鮮少有任何純粹驚喜的因素，每次有魚兒上鉤時，我仍會感受到那股小小的迸發。不過，有生以來第一次中魚的那一天，那份驚喜淹沒了我。魚在釣線上扭動，釣竿在我手中扭轉搖晃。我大叫著——既興奮又害怕，完全不知道接下來該做什麼，感覺好像贏了，卻又害怕即將輸掉。

隨著時間的推移，我終將學會，當魚上鉤、咬下誘餌的那一刻，你必須放空身上的情緒。魚不是靠狂亂的興奮釣上岸的，而是靠耐心的精確操作。當一條強壯的魚決定逃跑，全速遠離獵人的追捕，試圖掙脫魚鉤時，就要給牠足夠的釣線、足夠的奮戰空間，直到牠準備好上岸為止。這是一場鬥牛士之舞，而非一場劇烈震動的拉鋸戰。使用捲線器的煞車系統是最簡單的協助方法，能夠在放出釣線的同時保持適當的張力：張力過大，強壯的魚會扯斷線；張力過小，魚鉤會因為釣線鬆弛而滑出魚嘴。

然而，八歲的我，在操作斯佩拋投的第一天，第一次獨力誘得一條海鱒上鉤時，我對這種收放平衡的做法毫無概念，完全不曉得必須有捨才有得。在我的叫喊聲中，哥哥馬庫斯和教父亞德里恩慌忙跑下岸來，試圖幫手中的釣竿彎曲、幾縷髮絲散落在臉頰的我一把。

「讓牠跑。」亞德里恩說。他拿起魚網，準備幫忙把魚撈上來。可是我沒有聽進去。我能感覺到的只有釣線在繃緊，而我所能做的就是以力搏力，這是初學者會犯的典型錯誤。我沒有使用捲線器將釣線延長放鬆，而是用力壓制住手中的釣線，將它固定在釣竿的軟木握把上。釣線很快變得彎曲，拉扯著我的手臂，令我幾乎無法承受。我拚命地拉，上鉤的魚也拚命地扯，而結束的方式只有一個。突然間，連接毛鉤和釣線的前導線（leader）斷了。所有的張力瞬間蒸發。那條海鱒游離，水流再次恢復一貫的平靜，我失去了第一條用毛鉤釣到的洄游性魚類。

這是一個憤怒、壓倒性的失望，在那天剩餘的時間裡，我都覺得自己是個失敗者。但也是在那一天，我成為了一名垂釣者。

大西洋鮭魚的史詩之旅

從產卵床游出的幼小鮭魚，被稱為魚苗，是河流中最脆弱的生物之一。身長頂多幾公分，現在已長出魚的外部結構，有鰭和尾巴。但牠不是游泳健將，尚未具備與水流搏鬥的能力。

要獲得這項能力，牠必須跨出信心的一躍。魚苗微微甩動尾巴，將自己推向水面，然後浮出水面。牠吸入第一口新鮮空氣。這麼做會讓牠的浮囊膨脹起來；浮囊是讓牠維持並調節浮力的內臟。

對魚苗來說，這個第一次出水的探索是一次冒險，其重要程度幾乎不亞於牠最近經歷過的孵化。之後，牠會回到河床這個較安全的地方，新的能力讓牠可以在水生生態系統中爭取一席之地，並抵抗變化無常的水流及生活在其中的萬物。

魚苗現在可以在水中叢林裡自力更生，但這種新獲得的獨立是要付出代價的。牠們離開產卵床，就進入了掠食者的領域，這是牠們在未來漫長的旅程中，會遇到的眾多掠食者中的第一批。牠們現在很容易受到大型魚類、河獺及翠鳥等鳥類的攻擊，這些傍河而居的鳥類，以河中的棲息生物為食。身為河川生態系統中發育成熟的一員，魚苗現在暴露在其食物鏈的無情現實中。

危險不光是來自其他物種。魚苗也是彼此的威脅，牠們為了成長，會貪婪地爭食水中的浮游生物。那些沒有淪為掠食者犧牲品的魚苗，也同樣有可能會餓死。這雙重威脅意味著，魚苗階段是生為鮭魚最致命的時期，其中只有五分之一能存活下來。

少數度過這生命凶險第一年的魚苗，將會長成幼魚：已經進入淡水成長期倒數第二階段的幼鮭，此階段將持續一年或數年，最後以離開河流告終。在這個成長階段，幼魚會在多方面逐漸成熟。牠們會快速長大，這要歸功於這階段的食物包括了水生昆蟲。牠們開始變得有領域性，會尋找淺水區，那裡有較大的石頭提供保護，不僅能躲避掠食者，還能防禦其他鮭魚。牠們的外觀也會改變，長出深色的垂直條紋——幼鮭橫帶（parr mark），有助於融入牠們所選的小區域，並在該處棲息。

雖然幼魚已經克服了許多困難，但牠只嘗到了一小部分牠很快就必須面對的危險。隨著牠成熟到步入鮭魚生命週期的下一階段，保護性的幼鮭橫帶會跟著褪去，但是它們所代表的求生本能，將永遠烙印在牠身上。

在釣魚的初期，你會學到一件事，那就是鮭魚與眾不同。鮭魚是魚中之王，許多毛鉤釣者一整年都在想著要釣到牠，冀望新的季節到來，好讓他們能重新展開追逐。這場追尋是由鮭魚謎樣的特性來定義的，牠一旦回到河裡就不再需要覓食，也就是說，不像鱒魚，你很難用象徵下一餐的毛鉤來誘惑牠。鮭魚不僅警覺性高，還是一種將生存深深編碼到天性中的魚類。鮭魚是完成非凡洄游旅程的生物，穿越數千哩的海洋，經歷過大自然和人類所能帶來的最惡劣的考驗。這一切塑造了鮭魚的身體和本能，使其成為垂釣者在淡水中會遇到的最聰明、最難以捉摸的魚類之一。鮭魚克服了太多的難關，所以現在不能輕易投降。這使得每次釣獲鮭魚都是不可能的任務，每次與鮭魚的搏鬥都是史詩般的經歷。

在我知道或了解這一切之前，我就意識到父母談論鮭魚的特殊語氣，在蘇格蘭的暑假，當我們在釣鮭魚而非鱒魚時，都可以察覺到一股屏氣凝神和緊張。我觀察著我爸媽，我知道自己想盡力趕上他們，為自己釣上一條鮭魚，這樣我就能理解為什麼他們對一條在我年幼的眼裡看起來和其他魚沒有什麼不同的魚情感如此強烈。

三年過去，我們回到了蘇格蘭，這次在歐克爾河（Oykel）釣魚，這是匯集到薩瑟蘭狹海峽（Kyle of Sutherland）的五條河川之一，比斯佩河小，也不那麼令人生畏。即使我只有十二歲，在歐克爾河的一些河段，我也能將釣線拋投到對岸。更加秀麗的是波吉河（Borgie），幾年後我和媽媽獨自出遊，就在這條小河上我學到：能看到魚並不代表能釣到魚。在一個充滿挫敗的下午，我看著一條又一條的鮭魚跳出低窪水域，朝我們閃爍著魚身中軸的背鰭、尾鰭與臀鰭，樂於做雜技表演，卻顯然不願意咬一下毛鉤。事實上，我的拋投可以越過牠們，也很清楚該把誘餌對準哪個位置，可惜這些都沒有幫助：當鮭魚不感興趣時，你就是無計可施。我愈來愈不耐煩，直到母親終於低聲說她要移到上游去釣魚。我一邊盯著水面一邊回嘴道：「我要留在這裡。」

這些假期猶如另一條貫穿我童年的河流，恆久不變，卻也不斷演變，總是在不同的地點，每條河流也都蘊含著細微的差異。這些假期持續到我十一歲時父母離異之後，我們一家人因此分開。父親留在斯托昂澤沃爾德的家中，母親則回到她在蘇格蘭的垂釣故鄉。我跟著母親，在蘇格蘭高地（Highlands）上學，暑假則分別在科茲窩（Cotswolds）[10]和蘇格蘭鮭魚垂釣的心臟地帶度過。十五、六歲的時候，有幾回暑假是我和母親一起旅

10 譯註：位於英格蘭中南至西南部的一個地區，包含的古典小鎮之一就是斯托昂澤沃爾德。

行，但我們主要的夏日出遊還是全家人一起，即使在我父母分開很久以後仍是如此。儘管相隔兩地，父母仍然盡力給予我們家庭的延續感，而我感受到父母的愛與支持不曾停止——他們不斷以身作則，還有溫柔的鼓勵，讓我覺得可以找他們商量任何問題，而我的確經常這樣做。

十一歲的我在歐克爾河垂釣，與鮭魚真正建立起連結的時候，他們倆都在場是再適合不過了。此時我已經可以自己釣魚，用初學者的小心謹慎，學習如何讓釣線達到理想的彎度，以及如何把毛鉤送到我想要的位置。正確的音符，正確的順序，卻還沒有寧靜的節奏，近乎無意識的流動，那才是真正拋投的標記。那會是以後的事了——很久很久以後。用釣線搏魚的微妙技巧，以及在河岸上短暫停留時所需的耐心，都漸漸變得熟悉。不過，鮭魚仍巧妙地躲開我。不耐煩的情緒如影隨行，我後來學會將它視為一種亦敵亦友的存在。我父母經常釣到鮭魚，我哥哥也釣到了他的第一條鮭魚，我無法接受自己是唯一錯過的人。

我在下游釣魚，穿著長及大腿的涉水褲站在水裡，我心愛的邊境梗犬在岸上看著我。牠是我的小跟班，到處跟著我，還睡在我的床上，身上那一大團粗糙的淺黃褐色狗毛緊貼著我的腳。我不能想像沒有牠的生活，因為牠總是在我身邊，用一雙小短腿努力跟上我，但從不疲倦。

我記得當時我覺得釣竿很重，每次拋竿都很吃力，可是我不想抱怨，也不想透露出自己能力不足。然後，釣線傳來一股強大的拉力，那種驚心動魄的感覺不亞於三年前在斯佩河垂釣的那天；同樣是驚訝中摻雜著恐懼。那一天的記憶使恐懼加劇，我知道所有人都看過我失敗，而現在所有人的目光都會再次聚焦在我身上。**魚鉤會掉，魚鉤會掉**。

我知道對於垂釣者來說，鮭魚是雙倍狡猾的敵手：牠不像鱒魚，不會輕易接受毛鉤的誘惑，因為牠通常不會在淡水中覓食；牠也是一個更堅定的戰士，轉彎、扭動和跳躍動作就是牠的武器，不斷威脅著要甩掉你已經作合的鉤子。

我鉤住的可不是一條普通的鮭魚。這是一尾產卵鮭（grilse），一尾處於體力巔峰期、只在海中生活一年就溯河回鄉的稚魚，其他鮭魚則會在海中生活兩、三年，有時甚至更久。一尾產卵鮭可能比一般鮭魚成熟得更快，也可能是遇到了過度的食物競爭，迫使牠回來。我只知道這尾產卵鮭正在與我激烈搏鬥，嘴裡鉤著毛鉤加速逃離，頭部甚至衝出水面。一條鮭魚上鉤的興奮，立刻被害怕失去牠的恐懼所沖淡。

有一部分的我感到驚慌，只想著錯過這次機會會怎樣。不過，我也準備好按照我所學的去做：保持釣線的張力，不多不少，在有收線的衝動之前，仍樂意先讓出一些線。

我終於得到了我的獎賞。

當我釣回我的第一條鮭魚時，吉利艾萊斯泰阿提傾身向前用網子將魚撈起；幾分鐘前，他才指導我放毛鉤的位置，好讓它能有效率地穿過水面。我的狗急忙跑上前去檢查捕獲的魚，將牠溼漉漉的鼻子湊近魚網，但牠知道最好不要有進一步的動作了。

阿提微笑著，銀灰色的頭髮和鮭魚的顏色一樣。「聽著，瑪莉娜。在這條河上，我們採用的是所謂釣後釋回的做法，將大部分捕獲的魚放回河裡。不過因為這是妳的第一條魚，如果妳想要的話，可以留著牠。」

我明白留下這條魚意味著殺戮。釣獲這條魚是一件大事，也是我迫切渴望的。從釣線上感覺到牠用力咬鉤，並讓牠一直保持在線上，是一種純粹的快感，就像全身綻放出小煙火。但是，當我看著網裡的魚，看著牠光滑閃亮的身體，銀色的皮膚上開始出現一絲粉紅色和棕色斑紋，我不知道自己能否鼓起勇氣去傷害牠。我不知道，這是不是我應該做的事，如果我告訴阿提我想把牠放回去，是否代表我沒通過這場考驗。

我的聲音異常地小聲。「我該怎麼做呢？」

他的聲音很穩定。「我不知道，瑪莉娜。這是妳的選擇。」

我一直看著阿提，但他的表情什麼都沒說。我轉頭看我母親，得到的是同樣的答案。

「這是妳的選擇。」

然後，我看向我的狗，牠仍然守著魚網，目不轉睛地盯著在淺水中輕輕顫動的魚。我並不害怕魚死掉。在我三歲的時候，一個漁夫就在我和哥哥面前殺了一條魚，並把牠的內臟掏出來，在我們不敢置信的小眼睛前舉著牠仍在跳動的心臟。在蘇格蘭，我們有時會乘船出海捕魚，用板條箱裝了幾十條大嘴黑鱸、鯖魚和鰈魚，到金洛赫蘭諾赫村（Kinloch Rannoch）的市集販售。我也看過我父母殺魚和保留許多他們釣獲的魚，帶回家來烹煮。我知道那些生物的死亡意味著什麼，也知道我的食物從何而來。然而，我還是猶豫不決。

我的鮭魚在魚網中看起來非常安詳，從牠小巧的魚鰭，絲毫看不出來牠曾經歷一段非凡的旅程才回到這裡。我下了決定。

現在我的聲音比較清晰了：「我們放走牠吧。」

我想我看到阿提的笑容回到了臉上，他把魚網移回深水處，然後招手示意我向前。我們倆的雙手在水裡抓著魚，感覺到牠的身體開始反抗地左右扭動，牠的力氣恢復了，目標也重新確定。我們將牠釋放，牠最後咻咻地甩了幾下尾巴，沒入幽暗的水中，順應著繼續往上游前進的本能，朝未知的終點游去。我想，如果真有一場考驗，或許我已經通過了。

把魚釋回後，我當天唯一的戰利品就是一張照片。我至今還保留著：我拿著沉重的雙手竿，戴著迷彩防蚊網帽和媽媽的太陽眼鏡。我的狗在魚網旁邊，而魚就在岩石岸邊的水面上休息。我微笑著，有點不自在，但無法掩飾我的喜悅，因為現在我也可以說，我是曾用毛鉤釣獲大西洋鮭魚的人了。不久之後，我釣到了第二條鮭魚。釣鮭魚真的這麼簡單嗎？這兩條魚會回到河中，游向牠們不可知的未來，同時我自己的旅程也變得更清晰了一點。現在我是一名鮭魚垂釣者，而且明白兩條魚是永遠不夠的。

02
成熟前的冒險

「我們去河邊吧。」

我在紐西蘭豐盛灣（Bay of Plenty）的鄉間，我正過著前一年在參加高中文憑（A levels）[11]考試時難以想像的生活。從我們位於山丘高處的房子，往下可以看見延伸出去的奇異果園，樹葉緊密叢生，像迷宮的樹籬。走下山坡，踩著嘎吱作響的三葉草，很快就到了所謂的河流，事實上這並不是一條河、而是兩條。在一處被晨曦溫暖照射的隱蔽角落，山腳下的一條小溪與河流交匯在一起，河流再以直角的角度穿過鄰近的田野。在這個狹窄與寬闊的河道、亮藍與淺藍的水色、蜿蜒的小溪與堅定的水流的交匯處，我們會聚在一起：A是我的男朋友，是他把我的一個月短暫停留變成了更長期的居留，還有他的朋友們——一群長髮披肩、牙齒亮白、帶著衝浪客豪邁姿態的男孩。從任何角度來看，他們都跟我成長過程中所認識的男孩們大相逕庭。

在這裡，整天似乎都在無所事事中度過，但我知道這是我生命中最美好的時光：我正在經歷第一段認真的戀愛關係的強烈情感，住在一個放眼望去盡是綠意的地方，早晨就騎著鄰居的馬到水邊，停下來把手伸進冰涼的藍綠色溪水。後來我才曉得，這是遠方冰川融化後流下來的水所特有的顏色，是冰川墜落時，自基岩剝離的岩石微粒經光線散射後造成的效果。我當時只有十九歲，卻似乎已經偶然闖入了一個可能是為我而編寫的

---

11 譯註：英國普通教育高級證書（The General Certificate of Education Advanced Level）的簡稱，是學生完成十二、十三年級的兩年制大學預科學業後，所取得的中等教育文憑，部分的蘇格蘭學校也採用。

人生劇本中。

週末下午，我個人的田園生活場景會變成A的朋友們的聚集點，大家一起做飯、喝酒、玩音樂、閒聊，事後再加個釣魚。我漸漸發現到，在戶外活動的文化中，釣魚並不是一件一定要出門去做的事，而是幾乎自然而然就會發生；草地上通常會放著一、兩根釣竿，而我們總是靠近水邊。因為釣竿就在那裡，所以你會拋出釣線，看看會發生什麼事，就像拉開下一罐啤酒的拉環一樣不假思索。

當男孩們拋出旋轉亮片（spinner）——裝有誘餌的加重魚鉤，可以在水中旋轉，製造擾動和閃爍的色彩，激發魚兒的反應——時，我經常發現自己會待在後面懶得動。從十五至二十一歲，我童年時期對釣魚的著迷開始消退。最近一次和媽媽在蘇格蘭度假時，她不得不說服我陪她在河邊待上幾個小時，而我真正想做的卻是搭上火車去見我的朋友們。在紐西蘭，身為一個膚色蒼白的英國女孩，周圍都是膚色黝黑、似乎是為了戶外生活而生的衝浪者，我不想把自己擺到最前面，讓我的技術成為這個以男性為主的群體的焦點。

相反地，我稍微往後站，看著A嬉笑著和他的朋友搶釣竿。那天稍早，有人隨意的拋投真的釣上了一條魚，這在我們聚集了幾個月的此地，幾乎是前所未聞。一條肥美、顫抖的棕色鱒魚出現，牠的下巴張得大大的，好像很驚訝自己竟然會現身在如此不可能的地方。這時大家都在說，一個人必須釣上兩條魚，而A決定不落人後。當嬉鬧結束，他奮力搶到釣竿時，他回頭看向我，確認我是否在那裡，是否在看他。

當我看著他釣魚，看著他把旋轉亮片輕輕甩進波光粼粼的水中，帶著從他第一天說要帶我去約會時我就愛上的那股近乎自大的自信時，其他人、閒談聲和笑聲似乎都消失了。在那之後，他就一直主導著我們關係的步調，而我也很樂意跟隨。我沒有其他想法。在溫暖的陽光下，在冰川般寒冷的河邊，我可以一直坐著看他，直到天荒地老。

大西洋鮭魚的史詩之旅

稚鮭（juvenile salmon）可能會在出生的河流停留數年，然後才嘗試遷徙。此時的幼魚已成為極其獨立的生物，會獨自游泳、覓食和生存。在準備好迎接嚴峻的海洋旅程之前，幼魚必須經歷青春期，這段期間小鮭魚會蛻變成銀化幼鮭（smolt）[12]，雖然仍是稚魚，但身體和行為都出現很大的差異。

---

12 編按：指身體側邊已經發育成銀色、準備降海的幼鮭。

顯而易見的是，其側腹具偽裝保護作用的幼鮭環帶，將被鮭魚特有的銀色光澤所取代，這本身也是一種偽裝。光線從銀色皮膚表面反射出來的方式，會干擾許多海洋生物偵測偏光（polarised light）的特殊能力[13]，從而產生鏡面效果，掩蓋鮭魚的存在和動態。銀化幼鮭不斷進化的偽裝，最終會生出較深色、吸光的陰影，遍及魚鰭和魚背。在牠為游行於海中做準備的同時，也在為藏身於海中做準備。

在皮膚表面之下，還有許多其他的變化在發生。銀化幼鮭的器官也必須適應從淡水到鹹水的轉換。牠的腎臟會調整以產生較少的尿液，故可以攝取較少的水分。在河水的環境中，魚鰓周圍的細胞會活躍地將鈉和氯打入血液中，但是當鮭魚遇到海洋的鹽水時，這些細胞便會準備好切換到相反的程序。隨著銀化幼鮭經歷這些變化，牠的魚身會變得更長，但重量不會成比例地增加，形成一個最佳化的流線型形狀，以適應等在前方的數千哩游程。

了不起的是，銀化幼鮭也懂得為牠最終的回歸打下基礎，那可能是幾年後的事。年輕鮭魚會透過稱為「嗅覺銘記」（olfactory imprinting）的過程，將牠誕生的河流的特殊氣味內化。雖然鮭魚到底是如何找到回家的路，至今仍然有

13 編按：光是一種電磁波，這些波在空間中傳播時，會以某個方向震動。當光經過某些特定的過程（如反射、折射或散射），它的震動方向會被限制在某個特定的方向上，就是「偏光」。某些海洋生物能夠感知偏光，這能幫助牠們在水中導航、尋找食物或避開掠食者。

點神秘，但這個嗅覺很可能是鮭魚用來尋找故鄉河流的主要線索之一。據說青少年時期的經歷，會對我們日後的個性和人生觀產生決定性的影響，同樣地，鮭魚也是在這個成長階段獲得在未來的遷徙過程中將被證明是非常重要的知識。

所有這些銀化幼鮭身體上的發育，將引發牠在行為上的一個重大改變。迄今為止，鮭魚大部分的生活都是獨來獨往，守護自己的領域不受同伴及掠食者的侵略。然而，前方的旅程太艱辛、太險惡，難以單獨行進。當氣溫回升、白天變長，銀化幼鮭終於要離開家鄉水域時，牠會與其他幼鮭在河流的下游聚集成一大群魚群。牠將展開生命的大冒險，如同牠在產卵床中誕生的方式一樣：成為眾多個體中的一員。

如果說在紐西蘭感覺像天堂，它也是一種離鄉背井的流放，因為當時的我還不完全確定自己屬於哪裡，或下一步該走向何方。家在科茲窩，學校在蘇格蘭，而現在我的許多朋友都要移居到倫敦。在我的成長過程中，身旁的人一直說我需要上大學，但對於已收到的平面設計系錄取通知，我卻提不起真正的熱情。在迷惘中，旅行顯然是最好的答案。最重要的是，我想回到紐西蘭，幾年前的一次交換學生旅行，使我愛上了那裡。之後，我還打算沿著澳洲東岸旅行，並到泰國一遊。

四處移動對我來說沒什麼可怕的，因為我一生都在搬家。我的父親是地產開發商，我們經常搬家。在他和我母親分居前，我們搬過六次家，在我青少年時期又搬過幾次，不過我們很少搬得很遠。我會去拜訪那些一直住在同一個地方的朋友，好奇長期在相同的環境中長大是什麼樣的感覺，因為我自己的環境總是不停改變。

即使分散在國內不同的角落，我們的家庭仍然充滿了愛且緊密連結，但我無法否認父母分居的事實。這表示你總是在乎自己**不在**的地方，同時也在乎你身處的地方；在蘇格蘭的漫長學期裡，我一直在思念家鄉的老朋友，回到斯托昂澤沃爾德後，我又開始想念母親和蘇格蘭高地。

我的父母都是很好的人，但即使是十歲的我也知道他們分開會更好。我冷靜確定地理解到，兩個人不可能有那麼大的分歧，還能快樂地生活在一起。儘管如此，有時候當我不諒解並為他們的失敗感到憤怒時，我真希望他們能維持婚姻關係。我知道比我大兩歲的哥哥馬庫斯也有這種感覺，但我們花在鬥嘴的時間，遠遠多過談論家裡所發生的事情。我們在英國不同的城市上學，說來也是經常分隔兩地，即使在一起，我們也很少花時間聊彼此的感受。動手做事總比討論事情的感覺好。家人心照不宣的箴言很清楚：**不要抱怨。不去理會，繼續前進**。獨立的性格因此成為不可避免的結果，而且永遠不會消失。

這種要為自己做事的渴望意味著，當我需要找工作來籌募旅行計畫的基金時，我可以毫不猶豫地在學校一畢業就自己前往倫敦，一個在那之前我幾乎沒有去過的地方。住在家族朋友家的空房間，我人生中第一次可以自由地自己做決定。

我充分利用了我的自由。在試探性地和學校朋友去了幾次貴族酒吧和夜店後，那裡的衣著規定和酒水價格都告訴我，我永遠不會屬於那裡。之後我找到了真正讓我感覺像家的地方：在倫敦不那麼時髦的地區的鼓和貝斯俱樂部。我愛跳舞，讓節奏驅走我腦海中每一個在意他人的想法，不在乎我的頭髮亂了、腳痲了，不用想接下來該說什麼或做什麼。小時候的我討厭人群，但現在我渴望熱鬧舞池中的黑暗，渴望那些我永遠不會知道名字的人們的親近，渴望那些淹沒一切的光線和聲音，在那些似乎永無止境的夜裡。

我經常外出，也因此找到來這座城市想找的工作。我在電話裡告訴媽媽：「我有個面試機會。」這是她期待已久的消息。我沒有告訴媽媽那是怎麼來的：凌晨兩點左右，在一家酒吧裡，我的朋友麥克斯彎下高大的身軀，幾乎俯身至腰部，才能讓我在音樂聲中聽見他的聲音，他說他在一家超時尚的店裡工作。「妳應該去那裡工作。我會幫妳安排面試。」

幾天之後，我站在隊伍中準備參加團體面試，穿了一件粉紅色細肩帶上衣，試著讓自己看起來比感覺上更活潑，而這件衣服其實是我母親的。我們一個接一個被問到為什麼選擇了自己身上的服裝，以及我們如何定義自己的個人風格。之後和麥克斯聊，得知那個穿粉紅色上衣的女孩是被選中的人之一。那瞬間我如釋重負。為了得到這份工作，我一直感到巨大的壓力，擔心自己不夠好。但是現在，我下定決心要好好把握這個機會。

成功錄取的喜悅很快被新工作所涉及的現實所熄滅。黑漆漆的店面和不絕於耳的音樂，似乎在嘲笑我常常出去跳舞的夜生活，就好像猴子彎起了一根手指在命令我，如果我真的這麼喜歡夜店，那麼我應該被判處白天也要在夜店裡度過。每天早上，我們都要接受制服檢查，以確保服裝合格，還有在衣服和附近噴香水的位置和頻率，他們也教我們服務顧客的固定用語，明確指示要把注意力集中在那些符合「形象」、明顯有魅力的顧客身上。

我感覺就像回到了學校：如果你化了太濃的妝到學校，就會馬上被命令到洗手間去卸妝。開始上班不到幾個小時，我就知道我討厭那裡。我沒有自信可以擺出一副比其他人都優秀的樣子到處閒晃，也不想在新同事的小圈圈裡找到自己的位置。相反地，在上班時間我都躲在陰暗的角落，摺疊T恤，希望盡可能不被注意到。

一天早上，我一直害怕的命運降臨了。當店長看到名單上我的名字時，她說出：「圍欄。」我知道這是什麼意思：店裡最引人注目也最令人痛苦的職務，全部上班時間都要在前方的小陽台上和一位男同事一起跳舞。我喜歡跳舞，可是在這裡，舞池的匿名性被剝奪了，我們隨著音樂搖擺時，讓身體舞動的樂趣完全消失，因為每一個進入店裡的人都會看見我們，無論是色迷迷地斜視、同情地抬頭一瞥，或者直接對我們視而不見。淪為人肉壁紙的我，在時間一分一秒過去的同時，努力保持臉上必須有的笑容。我需要錢，但還沒有迫切到這個地步。

到了晚上，我比以往更激烈地狂歡，試圖擺脫工作帶來的屈辱。我的家人很擔心：我開始變得很難找到人，也變得瘋瘋癲癲的。一天晚上，我在公車上睡著了，醒來時已經離家數哩遠，完全不知道自己身在何處，手機也沒電。我跌跌撞撞地穿過從未見過的街道，踩著喀嗒響的高跟鞋，手不停地將原本就不是為長時間步行設計的連身裙肩帶往上推。我經過一個男人時，他說：「妳不該這麼晚了還一個人。」我低下頭，拚命加速往前走。最後，我找到了一個地鐵站，跌坐在站外，直到有人來打開沉重的金屬柵欄，那天第一批的通勤者到達，大多數穿著高能見度的反光夾克，偶爾穿插幾名身著商務西裝的人。大部分人都沒有理我，但當我上了地鐵並脫下高跟鞋後，有一位年長的女士在我面前蹲下，打量著我的衣服、我拎著的鞋，以及沾在我臉上的睫毛膏。當我聲音沙啞地堅稱自己沒事時，她溫柔地笑了。她拍拍我的手站起來時，我想像著如果媽媽看到我這副模樣會是什麼表情。

還有一次，我腳步不穩地跟著一個朋友走過舞池，試圖擠過他在人群中闢出的縫隙，這時我感到頭髮被猛地扯了一下。突然之間我就倒在地上，兩個比我高大許多的女孩撲在我身上，對我揮拳抓扯。人群本能地在我們四周圍成一圈。我以為在他們之中看見了我朋友的臉，卻不明白為什麼他只是站在那裡，為什麼所有這些人似乎都僵立在原地，彷彿是從另一個房間在觀看。我不知道自己做錯了什麼——是鞋跟誤踩到了誰，還是擦身而過的感覺像是故意推撞？——我只知道她們不會停下來，而我必須逃走。我爬著穿過一雙雙的腿，直到找到可以站起來的空間，然後朝門的方向跑去。

那天晚上，我看著鏡子裡自己的臉，不只有傷口，還有指甲抓出的小凹痕，頭髮被扯掉了一些，額頭上還出現了瘀青，我知道我隔天或再隔天都沒辦法去上班。幾天之後，店長打電話來問我為什麼還沒回去上班，她冷淡的語氣比我在店裡被要求做的任何事都更讓我生氣。「我想我不會回去上班了。」掛斷電話之前，我只能勉強在電話中擠出這句話。當時我以為這只是個挫折，但事實上我的倫敦冒險之旅已經脫軌，而且會比我預期的更早結束。

幾個星期後，是我哥哥二十一歲的生日，我應該要回科茲窩的爸爸家，與我們的大家庭共進晚餐。這個計畫在好幾個月前就已排定了。家人警告我不要遲到，為了確保我不會錯過火車，我甚至預約了計程車。到了這一天，我起床準備，檢查放在門口的包包。一切就緒後，我躺回床上，只想休息一會兒。

當我抬起頭時，起初我不確定這一切是否真的發生過。我不可能睡很久，肯定不可能。不會是今天。但是我睫毛上的些微黏液，和我對香菸的迫切渴望告訴我，我一定睡了好幾個小時。瞥一眼手機就證實了開始蔓延我全身每個角落的恐懼。爸爸：六通未接來電；還有幾通電話沒有顯示號碼。再看時間：太晚了，做什麼都來不及了，離我應該和其他客人一起到達的時間不到一小時，搭車和火車的旅程卻還要三個多小時。我只躺下一分鐘，卻因睡著而錯過了所有的電話、計程車司機按門鈴的聲音、生理時鐘告訴我該到別的地方去的任何蛛絲馬跡。

我想像著餐桌上的空位和母親的表情。他們輕描淡寫帶過的藉口。真可惜啊。這種事難免會發生。又不是世界末日。

我犯了一個永遠不會被真正遺忘的錯。這似乎印證了我和哥哥兩人的差異，回想小時候，他會把甜食的配額省著慢慢吃一整個星期，而我卻一次就把我的份吃光光：馬庫斯可靠、理智和值得信賴，而我則是衝動、任性和具有自毀的傾向。

然後，我手中的電話開始震動，我知道不能再拖延這筆帳了。因為知道將面臨什麼，我趕緊搶先說話。

「真的很對不起。」

「妳在哪裡？」

「我不小心睡著了。我真的非常、非常抱歉。我會……」

「不。不用過來。已經太遲了。」

他的聲音帶著冷冷的怒氣，甚至一丁點都沒高於正常的音量。然後是長長的停頓。

我能聽到父親的呼吸聲，不知道他是否能聽出我在哭。我們沉默了幾秒鐘，因為他對我的失望和我對自己的失望，氣氛十分沉重。

「明天再過來。我去車站接妳。」

他沒有說再見就掛斷了電話。

第二天的火車旅程，幾乎比掛斷電話後幾個小時的失眠還要糟糕，窗外飛逝的每一片田野，都帶我更接近我所害怕的對話。那天早上，我無法控制地不停抽菸，儘管我知道爸爸很討厭這件事，他甚至曾答應我和哥哥，如果在十八歲生日之前我們都沒有點菸來抽，他就會在我們十八歲生日那天給我們錢：不用說，馬庫斯領到了錢，而我沒有。那時候，抽菸是我生活中很重要的一部分，但是在那趟懺悔的火車旅途上，我第一次感覺到口中的味道很難聞。

在我的一生中，我總是知道爸爸是我的後盾，即使他很生氣，也會在困難的時刻支持我。舉例來說，對於我無法比得上哥哥完美無瑕的學業成績，他沒有感到失望、沮喪，也不會問為什麼。他知道在什麼時候，我會最需要他的支持和安慰。這一次是其中之一，然而在那趟火車旅途中，我很害怕我終於把他的耐心推到極限了。

當火車駛入車站時，連一分鐘都不差。我看到他在月台上等著，大衣拉鏈拉得緊緊的，抵擋著冬日下午的寒冷。我們在彼此面前站了一會兒，似乎都不確定誰該先說話，或者需要說些什麼。我們已經幾個月沒有見面了，而從任何方面而言，我都不是以前的我了。我能感覺到他在打量我，當他注意到我很瘦，連穿著厚厚的灰色刷毛夾克也很明顯時，臉上的表情就變得柔和且帶著擔心。他張開雙臂擁抱我。在上車和回家的路上，我們幾乎沒有說話。

直到那天晚上我們圍坐在廚房的餐桌旁時，我一直害怕的對話才出現。事實上，這場談話在我缺席的時候就已經發生過，我只是被告知結論而已。

「妳不可以回去倫敦。」

事到如今，爭論已毫無用處，但我也知道他們是對的。我自己都愈來愈不認識自己，也愈來愈不知道自己在倫敦再待下去是希望實現什麼。我不能繼續做一個醒來不知道自己身在何處、又怎麼會在那裡的人。

第二天，我們就訂了飛往紐西蘭的機票：那是一個我早就愛上的地方，也是我第一次造訪後就渴望回去的地方。我原本只打算待一個月，但直到更久之後，我才再次回到家。

我以前交過男朋友，可是A不一樣。坐在海灘上，只有遠方的群山陪伴著我，我看著太陽從天邊消失，A在他的衝浪板上向我炫技，長長的影子舞動著，黑髮溼漉漉地貼在他潛水衣的肩膀上。我從不知道男人可以用像A那樣的方式看著我，好像我是世上唯一重要的東西。

我原本並沒有在尋找一段感情，但它卻輕易得教人不知所措地找上了我，令我起初很難相信。前一秒，A只是朋友的朋友，一個比我大兩歲、迷人的衝浪客，我和他在臉書上互通了幾條訊息。下一秒，他就開著一輛綠色的皮卡車來接我，看起來就像我在蘇格蘭讀書時迷上的電視劇《聚散離合》（*Home and Away*）裡的臨時演員。

那些年，其他的感情關係都是短暫和功利的——因為其他人都在配對，所以才會和某人在一起。被男孩子劈腿，然後他們會央求跟你復合。像一部荷爾蒙和青少年階級制度的旋轉木馬。但我立刻就知道A想要的以及會給我的不止於此。

不過，我相信他終究會失去興趣。我是來自世界另一端的新奇事物，僅此而已。然而，每個星期，幾乎每一天，他都吸引我走近他的世界：不久，我就在他家的奇異果和酪梨農園，見到了他那友善又美好得令人不安的大家庭，被招待加入喧鬧的用餐時光，晚上則待在外面的陽台上，陽台圍繞著有白色護牆板的農舍。在微弱的光線下，我們會低聲地進行熱切的對話，手拉著手，聽著他一次又一次地告訴我，他是多麼希望我留下來。

我們交往才幾個星期，他就邀我出席他妹妹的婚禮；婚禮就在農舍外面的草坪上舉行，我們後來在那裡露營。我穿著特地買的碎花露背洋裝，因為我的度假行李中沒有合適的衣服。我無法阻止我的思緒飄到未來的某一天，我和Ａ也會在這裡結婚。我們像大多數夜晚一樣睡在帳篷裡，一邊聊著未來，以及我們可以如何共度未來。幾個星期過去，我不斷將飛往澳洲的行程一點一點往後延。

如果成為Ａ人生的一部分意味著犧牲我一部分的生活，我覺得這是值得付出的代價。我已經讓幾位原本要跟我一起去泰國旅行的朋友失望了，現在我要面對一段感情的可能性，它不僅會打亂我的旅行計畫，還會重塑我下一階段的人生。我開始研究如何在懷卡托（Waikato）攻讀學位，並向當地的大學提出申請。我已經有一份在麵包店的工作，很快我就會開始讀平面設計。我第一次見到紐西蘭就愛得不得了，使我不禁懷疑自己是否生錯了地方，而在紐西蘭定居生活，正從空想的白日夢變成認真的可能性。

剩下的一個障礙是：告訴我的父母，徵求他們的同意，但是又不能冒著他們可能會拒絕的風險。我能預想到媽媽的反應會是問我是否有問過爸爸，所以我先打電話給他。我苦思好幾天，琢磨著該說什麼，該如何擊退可能的反對意見，讓他相信這就是我想要的，以至於值得我放棄其他一切計畫。我早該知道，爸爸不會對我投出的爆炸性消息感到驚訝；不知怎的，不管我往哪個方向前進，似乎每次都早在他的預料之中。他讓我結結巴巴地講完我準備的說辭——說明我知道這是重要的一大步，可是如果離開一段感覺如此契合的關係，我會後悔一輩子。最後，他只是簡單地問了一句：

「妳有多確定呢？」

簡而言之，這就是我父親：公平、切中要點、挑戰你的獨立思考能力。這是一個正確的問題，而我知道答案，毫不猶豫。

大西洋鮭魚的史詩之旅

在遷徙前的整個冬天，銀化幼鮭的身體都在適應和準備未來旅程的必要條件。春天來臨時，許多跡象會告訴年少的鮭魚，現在是離開家鄉的時候了。春天的河水因為冬天融化的冰雪流向下游而變暖、水位升高。稚鮭最常游動和覓食的夜晚變短了。對於身體已經歷變化的魚來說，這些跡象代表再也沒有繼續待在養育牠們的淡水中的好理由。牠們不斷進化的身體，現在更適合海水而非淡水，這一點也在迫使牠們離開。同儕壓力也可能發揮了一定的作用，銀化幼鮭同伴們向下游的進展提供了鼓勵與榜樣。

牠們是自行離開還是被帶走的呢？銀化幼鮭是主動游向大海，或只是停止抵抗被水流帶走，或是兩者兼而有之，目前還不完全清楚。不過有證據顯示，牠們的移動具有目的性，游得比河流本身流速還快。當銀化幼鮭在出生的水域前進，距離舒適的產卵地愈來愈遠時，牠們會以不同的方式向前進，或是保護性地轉身避開某一段激流，面向逐漸遠去的家鄉。

對於這些以前獨來獨往的生物來說，銀化幼鮭游向海洋是一項團體活動。儘管整個遷徙過程會持續整個春夏以至秋季，但絕大多數的活動都是高度集中的，在短短幾週內發生，最繁忙的時期通常只有幾天。這種群體行為有一部分是偶然，因為銀化幼鮭會對相同的環境信號做出反應。但它也是有目的性的，大量魚群的一致行動提供了一些保護，以抵禦居住在各個河段的掠食者。魚群數量帶來的安全感意味著，比起向下游遷徙之前，銀化幼鮭會更傾向於游近水面，並更有意願在白天移動，而不像之前總依賴黑暗的掩護。

選擇何時以及如何開始遷徙，是鮭魚對適應環境——包括那些尚未遇到的環境——有非凡需求和能力的另一個例子。儘管周遭的環境可能是遷徙的催化劑，但是鮭魚也必須憑本能感知到，當牠們抵達數百哩外的海洋時會遇到的狀況。太早抵達，牠們的目標獵物就沒有機會充分繁殖。太晚抵達，牠們可能會錯過攝食場（feeding grounds）[14]的盛產期。這些鮭魚不僅要掌握離開家鄉的時間，還要掌握抵達和進入海洋生態系統的時間，在這個生態系統中，牠們的地位將更不穩固。牠們必須預測自己從未體驗過的環境可能會帶來什麼衝擊。

銀化幼鮭在開始遷徙時，在某些重要的方面已經為未來做足準備，可是對於在海中會遇到什麼狀況卻毫無概念。遷徙洄游的成功率微乎其微：只有不到百分之一的鮭魚能夠順利完成這趟旅程。稚鮭仰賴其非凡的進化能力——結合本能、遺傳編程和群聚效應——緊緊抓住那微乎其微的機會，希望能再次返鄉。

14 編按：魚類或海洋生物聚集與覓食的主要區域，這些區域通常富含小型魚類、浮游生物等食物資源。

一切都是從一個他不曾見過的人開始的，那個人與我們相隔千里。

「妳傳簡訊給誰？」A問道。

「尼克。我在倫敦的朋友。你知道我原本要跟他一起去泰國旅行的。」

「妳跟他說什麼？」

「我只是向他問好。你看。」

我把手機遞給A，他滑手機時那雙熟悉的大眼睛瞇了起來。

「搞什麼鬼。為什麼上面會有**親吻**的表情符號？那算啥朋友。」

我還沒來得及回應，他就把手機丟到沙發上，然後走了出去。我聽到我們家的門「砰」一地一聲關上，這裡是我們最近才搬來的山上避風港。

我告訴自己這沒什麼：今天我們都太累了。他對我的朋友有疑問是很自然的，因為我對他的朋友都很熟悉，而他對我的朋友卻一無所知。也許這裡的狀況就是不一樣。

我確定我們稍後就會和好，然後繼續這段關係，但是一顆種子已經種下，我們兩人似乎都沒有能力阻止那第一次的爭吵萌生更多類似的爭吵。

每一次的爭吵都讓我對自己更不確定：不知道他是希望我告訴他更多自己的過去，

這只會引發更多猜疑的問題，還是不要告訴他——使我看起來像在迴避。

我每天都過得小心翼翼，而他的行為則變得愈來愈疏離。

我們當時都很年輕，比我們自己認知的還要年輕，我們就以這種年輕氣盛的方式吵架：互相指責，被我們的不安全感驅使著，完全不知道可能的解決方案。我們看似處於一段深度投入、緊密交織的關係中，可是我們還不夠成熟，無法付出這種伴侶關係所需要的相互支持與體諒。相反地，我們只是找到各種方式，不斷地消滅對彼此的喜愛和信任。幾個月過去，我們之間很少有寬恕，缺乏理解，也愈來愈少善意。每個星期似乎都有新的事情發生，加劇我們之間與日俱增的反感。

縱使我不是如此孤立無援，但眼睜睜看著我第一次真正的愛情這樣變質，也夠難受的了。當我們剛搬到離城市半小時車程的郊外時，感覺就像是美夢成真：我們依水而居，周圍都是動物，可以從果園摘奇異果當作早餐。我們養了一隻貓和一隻黑色拉布拉多犬，鄰居甚至還送來幾頭肉牛在我們的草原上吃草。

然而，隨著我們的關係窄化為一連串的爭執，我曾沉浸其中的天堂感覺愈來愈像煉獄。沒有一個人——不管是他的還是我的朋友或家人——能讓我覺得可以傾訴。一整天有好長的時間，我都獨自待在那裡，除了在腦海中反覆回想前一天的爭吵之外，什麼事都沒有做。若打電話回家，我媽媽的聲音在電話中聽起來模糊不清，感覺無法告訴她事情的全部真相，這只會讓我覺得更加孤獨。

有些時候我說服自己，我可以解決我們的問題，回到過去。就像賭徒在輪盤賭桌上加倍下注一樣，我努力扭轉局面。

我為他煮飯和烘焙，打包三明治讓他帶到每天工作的各個在地農場，試著預先考慮他的每一個需求，試圖讓一切回到原來的樣子。但是，我所做或所說的都沒有帶來任何改善。我愈努力，他似乎就愈退縮。有時我走進家裡，會發現他坐在黑暗裡，只能透過筆電螢幕的光線看見他的臉，他甚至沒有抬頭跟我打聲招呼。有時在爭吵後，他會走進我們的臥室，我可以聽到他在裡頭捶打東西的聲音：在他出門後，我會環顧四周，看著我夢想中的房子以及它所代表的意義，如今似乎已經破碎得無法修復。

我在果園摘奇異果時，不小心問出了這個問題。在他還沒來得及為早上的爭吵道歉或繼續爭論前，我聽見自己開了口。

「你還愛我嗎？」

他看著我，面無表情。

「不。我不認為。」

我震驚到竟然笑了出來。如此簡單的毀滅。

那天我應該離開的，但是我沒有。我個性中固執的那一面拒絕放棄這一切。不久後，我花了一整個下午的時間精心烹調晚餐，試圖用似乎是我所剩無幾的方式之一來溝通。七點鐘，他正常下班回家的時間過去了，我卻不敢發簡訊問他在哪裡。又過了一小時，我餓得沒辦法再等。接著又過了兩個小時，外面已經一片漆黑，我終於聽見開門的聲音。他沒有道歉，甚至沒有承認回來晚了。他只開口要求。

「我的晚餐呢？」

通常我會輕輕帶過，試著平撫他的情緒。可是我當下怒不可遏，我氣他讓我等待，氣他對我說話的方式，氣我們的希望如何枯萎，變成了這個由他的嫉妒和我的恐懼形成的悲慘牢籠。

「我的**晚餐**呢？」我從未見過他這個樣子；語無倫次，全身發抖，好像要把身體裡的每一滴情緒都逐出體外。

我後退幾步，試著穩定呼吸。「不是你馬上道歉，就是我馬上離開。」

「我不會道歉的。」

我們對視了好幾秒鐘，彼此心知肚明。然後我聽到我們臥室的門砰地關上，還有東西被扔到牆上的熟悉聲響。

我身邊沒有任何人能為我說清楚：這段關係已經死了，回天乏術。我仍然覺得這段感情的失敗教人無法忍受——我已經付出了這麼多，也走了這麼遠，離開這裡並承認一切都白費的前景，不知為何感覺比留下來的壓力還要糟。

不過，爆發點終究還是來了。一、兩個星期之後，他的表弟來我們家住。我們又發生了一次激烈的爭吵，我們照常對彼此大吼大叫，只不過這回是第一次被外人看見。我走到外面整理心情，他的表弟也跟了出來。「對不起，」他說道。「我從沒聽過一個男人這樣對一個女孩說話。從來沒有。」

我立刻進屋收拾行李。當我開車前往市區時，心情平靜了下來，途中我打電話給一位朋友，我知道可以暫時在他那邊落腳。我沒有告訴其他人我要去哪裡；我不希望A來找我。

我做出了我的抉擇，現在我確定我必須離開，就像一年前我確定我要留下來一樣。在度過大學學期的最後幾個星期，完成第一年的學業之後，我只跟少數幾個人道別就離開了。我離開了我深愛的地方，我曾經以為可能會在這裡度過餘生，我不知道是否還會再回來，也不知道我是否還能再次住在如此美麗的地方。在紐西蘭到處都能看見河流、高山、小溪、海灘或原野。住在紐西蘭的感覺就像在夢裡，在那裡使你幾乎不得不待在戶外，就像我大部分的童年時光。住在那裡似乎就是我渴望的一切，但是現在我知道我必須離開。我以為坐上飛機就能把最糟糕的事情拋在腦後——然而，我還不知道離開才是最容易的部分。

03

重拾釣竿，也重新找回了自己

「放到大圓石的後方，讓它擺盪就好。」

一般來說，吉利應該會提出這樣的建議，但現在是晚上，過了下班時間，我已經過了好幾天空手而回的日子，所以我回來做最後一次的嘗試。湯姆是我的老同學，他用手指為我描繪出正確的角度，告訴我可以把毛鉤拋放在哪個位置，接下來就可以讓河水發揮作用，將毛鉤以對角、順流的弧度橫掃過整個潭區的寬度。

在我準備拋竿的時候，斯佩河緩緩地流著，水深及踝，水流聲更像是低語而非嘶嘶聲。我注視著對面的松樹，它們高大而泰然自若，在陡峭的河岸上站崗；漸弱的天光下，輕柔的風幾乎沒有擾亂它們。眼前沒有其他景象，我和湯姆對彼此低聲說話，寧靜的環境似乎要求我們安靜以對。

正如十多年前在這條河上吉利教過我的那樣，我挑了一棵樹將身體對齊它，順著樹幹的線條把竿先抬起來，比平常更努力地安靜操作。第一個動作不用太使力，只是將我持竿的右手跨過我的左手，以便把釣竿往上游揮動，並讓有重量的釣線以半橢圓型的姿態置於水面。接著我把釣竿從上游側橫向劃向下游側，並逐漸把竿先拉高，然後讓釣線向我後面呈現出一個D形環，如同一張揚起的帆，只留釣線的最後一段——錨點（anchor）[15]，直直地停在水面上。最後向前拋投，落下毛鉤：釣竿下方的手用力，上方

---

15 編按：以上是描述名為「Double Spey」的雙手拋投的動作。而錨點是指在採用滾拋（roll casting）或斯佩拋投，完成D形環時，因與水面接觸而受表面張力拉扯的這一段線。

的手控制方向，保持雙臂收緊——一位嚮導曾告訴我，就像霸王龍一樣——因為我知道，向前拋投釣竿時若伸長手臂，會威脅到最重要的環圈釣線緊度。我將把手往下拉，讓我的竿子停在十點鐘方向，同時感覺到下方手臂和手肘陷進肚子裡，好像要踩煞車一樣。

我回到了斯佩河，這裡有我童年最深刻的釣魚回憶，我在此第一次用毛鉤釣到、也失去了一條洄游魚。我再次開始垂釣；在青少年時期和成年初期，垂釣幾乎從我的生活中消失。我想到的不僅是前面幾天沒有釣到魚，而是自從那天在歐克爾河釣獲第一條鮭魚，之後不久又釣到了第二條以來，已經過了十二年。儘管過去每年都會和家人出遊釣魚，但是從那次以後就再也沒有釣獲過鮭魚。

我一次又一次地拋竿，驅策自己要讓毛鉤落在大圓石後的那個點，不要讓鬆弛的釣線扼殺動作的動能，讓落下的毛鉤準備好接受水流穩定的擁抱。熟悉的拋投節奏流經我的手臂和肩膀，我讓河水承接我的努力，等待著、期盼著，不敢奢望我的運氣會有所改變。這是搖籃曲般的拋投：當你看著環圈在身後飛起，毛鉤在水中彎曲行進，一連串令人平靜的連續圓周運動，一圈又一圈，有意識的思緒便逐漸退去。釣竿成了一支畫筆，在空中畫出各種形狀，展開一場無盡的追求，要引導釣線形成完美的環圈。

然後，那一刻到來了。我的感官依序接收到遠處的水花聲，鮭魚咬鉤的力道，捲線器的呻吟聲，其金屬發出的嗡嗡聲打破了寂靜的約定。我的腦子剛才還在愉悅地放空，現在卻充滿了各種籠罩在釣鉤上掛著獵物的鮭魚釣者內心的想法和恐懼。要保持著釣線的緊繃度，緊得足以防止鉤子從那柔軟的口中滑落。但不能太緊，那樣的話，毛鉤可能會被鮭魚的拉力拉直，而無法再鉤住牠。接下來讓鮭魚逃跑，消耗牠那可怕的能量，但不能讓牠跑太遠、跑太久。

我所感覺到的釣線上的力道和魚的搏鬥力，都毫無疑問地顯示這就是我渴望的斯佩鮭魚。接著，牠躍出水面，即使在遠處，夜幕開始降下，我也能看見牠閃爍的光芒。這不只是一條鮭魚，而且還是一條「銀條」，一條剛從海洋歸來的魚，身上還帶著完整的保護性偽裝。這是最新鮮、最有活力的洄游鮭魚：在遙遠的從前，釣獲鮭魚是遠勝於一切、也是垂釣者唯一追求的獎賞，那時這些河域的鮭魚數量非常豐富，垂釣者還可以挑三揀四。

幾分鐘之後，牠就進了撈魚網中，我觀察著牠優美的顏色，側腹的鋁箔銀白連結著背部和尾部的炮銅灰。這尾鮭魚的體型龐大，我得一手抓住尾巴，另一隻手托在胸鰭下方，才能把牠舉起來讓湯姆拍照。我不用想也知道，這是我釣魚生涯中最值得驕傲的一次釣獲，牠認可了我從紐西蘭返回英國後在垂釣上投注的所有時間和熱情——這是我第一次釣到鮭魚後的第二次機會，也是我迫切需要的新開始的標記。

直到看見我的銀條再次沉入河水中，我才摘下帽子整理頭髮，也才發現頭髮已經溼透了。我全心全意沉浸在搏魚之中，完全沒有注意到雨一直下著。

大西洋鮭魚的史詩之旅

年輕的洄游鮭魚已經克服許多困難，才到達準備好邁向未知的黑暗海洋的階段。然而，當銀化幼鮭抵達啟程的等候大廳時，還有另一個障礙：河口。河流與海洋在此交會，海水與淡水在此交融，不可預知的危險在此盤旋等待。

河口是水生世界的交匯點，一個豐富、活潑、生機盎然的環境，既是哺育場，也是殺戮場。做為河流與海洋之間的過濾器，河口提供了一個中間點，讓遷徙中的鮭魚可以進一步適應海水的鹽度，首次運用牠一生中至今為止一直在適應變化的身體。然而，河口同時也代表掠食者的棲息地，是鳥類和海洋生物的半封閉式覓食場，讓牠們能夠捕食頻繁來回於河流與海洋之間的大量生物。

銀化幼鮭利用河川的地理環境生存至今，在夜間移動、沿著河床游行，以及藏匿於岩石和卵石間。眼前的河口對牠們來說，代表了目前所遇到的最開放、最容易受傷的環境，這裡棲息著一些最飢餓的掠食者。年輕的鮭魚已然邁入一個新的危險層級，所承受的壓力不僅來自以河口為覓食場的多種鳥類、魚類和海洋動物，還來自愈來愈鹹的水對身體造成的影響，這種水會妨礙牠們的活動並損害牠們躲避周遭危險的能力。

在河口的半鹹水中，銀化幼鮭可能會淪為其他魚類的犧牲品，包括成熟的同種魚類，或是其他的洄游魚類，如鱈魚和鱒魚。偶爾會突擊上游的海洋動物，在此處聚集的數量更多，其中以海豹和水獺最為普遍。溼地中營養豐富、充滿蠕蟲的泥灘，為許多涉水鳥類提供一個家園，這些鳥類能用細長的腿和喙，從水面下捕捉昆蟲和無脊椎動物。然而，更直接威脅鮭魚的是體型較大的鳥類，牠們的狩獵模式是突然俯衝入水，一把舀起毫無戒心的魚兒。鸕鶿是河口的其中一種食魚守衛，牠們一天可以吃掉半公斤多的鮭魚，是數不清的銀化幼鮭從河流游向海洋時死亡的罪魁禍首。

跨越種種難關來到河口的銀化幼鮭，在通過河口時的死亡率，將比離開河流的任何其他階段都來得高。幼鮭被沖入河口的中層水（intermediate waters）[16]，會被迫面對來自四面八方不可避免的重重危機。銀化幼鮭面臨著至今最危險的時刻，就在牠真正踏上旅途之際：對許多幼鮭來說，這道懸崖將證明是路的盡頭。

當我感受到那股將我拉回垂釣的力量時，我其實並不在水邊。我也不是在釣具店，儘管我已開始逛那些商店，但只是看看那些裝備，考慮再次從事釣魚活動。事實上，我當時正和母親在一間珠寶店，一起選購我二十一歲的生日禮物。看了很多件之後，我又試戴了一只美麗的古董紅寶石戒指，而我們似乎認定就是它了。它的尺寸剛剛好，濃豔紅寶石的切割邊緣閃耀著光芒。不過，當一張張期待的臉孔轉向我時，我卻毫無感覺。我只能勉強說出：「讓我們再考慮考慮。」事實上，我心意已決。我知道有某件東西是我想要的，但不是這枚戒指。

幾個星期以來，這成了我和父母之間反覆出現的笑話。「妳決定好了嗎？」而我總

16 編按：指位於海洋水層中層，介於表層水（surface water）和深層水（deep water）之間的水層。這些水層的深度通常在兩百到一千公尺之間，具有較低的溫度和較高的鹽度。

是支吾以對。我就快二十一歲，一直試著把生命中最難過的歲月拋諸腦後，並不想要一個會令我想起過去的東西戴在手指上。我想要一個可以使用的東西，一件我可以做的事——最重要的是，去感受到自己渴望行動的那個部分。然後，我母親建議買釣竿。在她提議的那一刻，我就知道這是對的，於是我很快同意——兩支釣竿，一支釣鱒魚的單手竿，一支釣鮭魚的雙手竿，這是我第一批可以稱之為專屬於我自己的釣竿。

雖然現在看來顯而易見，甚至可說是命中註定，但我回到垂釣這條路上並非必然。我們依然會全家出遊到蘇格蘭釣魚，可是我從來不曾單獨行動，也沒有自己的裝備。釣魚極可能仍是我一年做一次的事，一種我與母親共處的方式，一份我對童年的懷念，僅止於此。

然而，我知道自己不能再這樣下去了。離開紐西蘭之後，我回到倫敦，選擇在那裡完成我的學位，而非接受諾森伯蘭郡（Northumberland）提供的入學機會。在地球的另一端待了一年半之後，我想要盡可能與更多親朋好友親近。我已經不再是十八歲第一次來到這座城市的那個我，一點也不害怕回去倫敦。問題是，我的心思仍留在紐西蘭，不斷去扒開我和A的關係所留下的瘡痂，沉溺在他播下的每一顆懷疑的種子裡。我知道我需要幫助，可是我發現我無法開口尋求幫助。

在最後兩年的學生生涯中，我感覺像是過著雙重的人生：一部分的我嘗試用遊戲人間來走出痛苦，重遊倫敦的舊地，重拾友誼，把社交當成麻醉劑；另一部分的我，則是長時間獨自坐在房間裡，執迷地檢查我的手機，暗自希望看到A傳來挽回我的訊息。

我追求短暫的戀情，試圖找回與A相識最初幾個月那種輕飄飄、無憂無慮的上癮感覺。我需要分散注意力的東西，但是在這座城市很難找到，因為比起我離開的那段生活，這座城市感覺陰暗骯髒——少了心血來潮的衝浪、海灘上的啤酒、看夕陽從海面落下的景象。在紐西蘭，我過的是一種朝氣蓬勃的戶外生活，它重現了我童年最珍貴的部分。這些日子，我長時間坐在高樓大廈的公寓裡，凝視著城市的天際線，我的心在告訴我：我迷失了。

事實上，我的自尊心是如此低落，以至於我竟然發現自己在思念那段我飛越半個地球逃離的感情，晚上外出時會跟朋友說我有多麼想念他，第二天早上醒來又責備自己無法往前走。

我身邊有很多人在給我支持：我的朋友、父母和哥哥，哥哥經常邀我參加他與朋友們的聚會，對我很體貼和保護。就像我們小時候一樣，我們並沒有明確談論問題，但我知道他在努力幫助我，讓我參與他的社交生活。儘管如此，我也需要談談曾經發生、以及現在仍發生在我身上的事。最後，在一位好朋友的催促下，我去見了一位心理治療師，她剛提出第一個問題，我就開始哭了。不過我沒有持續進行治療，我決定我可以靠自己解決問題，如我過去常做的那樣。

我在學校苟且度日，只達到最低要求。畢業後，我繼續壓抑自己，放棄了平面設計，去一家資產管理公司做櫃檯接待員，因為我知道這份工作可以讓我勉強度日。我失去了基本的自信與抱負。

當時的我並不知道自己需要釣魚。

我沒有察覺到任何一部分的我有表達出對更偉大事物的渴望，那是一種與一個更大、更有意義的世界的連結，而那個世界超越我每週所經歷的這個世界。當我跨過成年的門檻，進入最開放、脆弱的領域時，卻沒有目標可以指引我。似乎我註定要隨波逐流。

但是現在，一股潮水帶著我，不知怎的將我帶到了我需要去的地方。就好像我一直在尋找這塊遺失的拼圖，而它一直隱藏在我的眼前。要求買釣竿只是出於一時的衝動；這種感覺只會漸漸地使其背後的動機變得明朗。我還沒有想清楚任何事——尤其是在倫敦的狹小公寓裡，我要把新的釣具收在哪裡。

但結果發現，那件事竟是我生命中的一個轉折點，在當時我還不明白這一刻的重要性。假若事先有人告訴我會發生什麼事，那麼我現在邁向的，正是一種似乎完全不可能且令人無比興奮的生活，包括所有它將帶我去的地方和未來所有的體驗。不知不覺間，我已經邁出了人生至今最重要的一步。

大西洋鮭魚的史詩之旅

大西洋鮭魚游向海洋不是出於選擇，而是出於必須。只有在海洋中，牠才能找到所需的食物數量和種類，以成長至成年魚的體型，達到性成熟，朝實現其非凡生命的目的前進：繁衍後代，讓牠的子孫最終能踏上同樣艱險的生命旅程。由於繁殖是鮭魚驅策自我的終點，競爭就成為手段。雌鮭魚在準備自己的身體，好在產卵床盡可能地產下最多的卵；雄鮭魚在準備自己的身體，不僅要逃過掠食者，還要在交配的時機到來時，在出生地清澈的河水中，比競爭對手更強健、更出色。

現在，在距離故鄉數千哩的地方，鮭魚開始認真地展開工作，牠為了這項任務游了這麼遠、熬過了那麼多難關。當牠往北走時，快速成長的後銀化鮭魚（post-smolt）[17]開始堅決地覓食，吸入所有漂浮過牠們游行路徑的東西：昆蟲、浮游生物、甲殼類、貝類和小魚。鮭魚大部分的海洋活動，都是在海面和靠近海面的水中進行，除了在這些地方覓食之外，牠偶爾也會潛入深水處，捕食那些較不易找到的獵物。鮭魚在經過海洋水域時非常貪婪，有伺機取食的習慣。

當鮭魚大啖只有海洋環境能提供的食物時，牠也同時在滿足多種需求。不同形式的營養會刺激成長，同時幫助牠在皮下分泌脂肪，這是返回河川的長途旅程的必要儲備，屆時鮭魚的進食狂熱將會結束。有些脂肪很可能會氧化成水，而水是海洋這個液態沙漠中寶貴的水分來源。此外，鮭魚不僅攝取營養，也攝取色素。成年鮭魚特有的粉紅色澤，並不是來自牠自身生成的顏色，而是從洋流中吸收而來：海藻產生的類胡蘿蔔素（carotenoid），會透過食用海藻的生物的脂肪轉移到魚類身上，鮭魚便是大啖這些生物。

在整個旅程中，鮭魚在處理當前需求的同時，也下意識地在為未來的需求預先做準備，不只是為了今天和明天，也是為了遙遠未來的嚴苛旅程而覓食。所幸有非凡的進化，鮭魚才能開拓出完成那段旅程的一線生機，這種進化促使

---

17 譯註：幼鮭經過銀化後的第一階段，正式從淡水生物轉型為具備海水適應力的鮭魚。

> 鮭魚發育自己的身體，不僅是為了應付眼前環繞四周的挑戰，還有遠方不知有多遠的里程，以及未來不可預知的數月和數年的挑戰。

新釣竿幾乎像是在責備我，彷彿知道自己落入了外行人的手中。為了安裝我的裝備，我靠著幾乎沒有訓練的肌肉記憶，回想著如何從竿先到握把依序向下操作，把各部分塞緊，然後對齊導環（guide）——用來穿引釣線並固定其位置的金屬孔。當我把捲線器的底座裝到釣竿上的卡座時，我回想起母親的忠告：不要只拉出一段釣線，而是拉出兩段，把它對摺當作保險，以防穿線時釣線從手指上滑落。綁毛鉤時，我的手指忙亂地打著結，我低聲咒罵自己，這是準備裝備最重要的部分，對於新手來說，也是最需付出努力的部分。最後檢查：將綁好的毛鉤勾在袋子或外套的拉鍊上，然後拉緊。它固定住了。

然後，釣線平放在我前方，完全延伸在寂靜的湖面上，是時候了。抬起竿先，盡量輕柔：不要快速提竿，以免擾亂水面，使鱒魚四處逃竄尋找掩護，導致追逐還沒開始就結束。我慢慢地、小心翼翼地向上將釣線「剝離」，藉著手肘動作將竿先提至剛好超過眼睛的高度。接著上臂加速，將釣竿成一直線往回拉，停在我身後一點鐘的位置。停頓一下，剛好足夠讓魔法開始發生。環圈在我身後展開，從我的右肩上方可以看到這幾何圖形的瞬間展示。最後的動作：後拋（backcast）的鏡像動作，將釣竿和釣線快速向前拋擲，停在十點鐘方向，一次又一次，直到鬆弛的釣線從我身邊消失，將毛鉤送上水面——投向我看到鱒魚浮上水面覓食的位置，也是我一整個早上觀察牠耐心等待時機的地方。

這些例行的動作——組裝我的新釣竿和基本的過投拋（overhead cast）——是我二十歲出頭時用來定義週末的儀式，一個週六接著一個週六，我帶著自己前往我能找到最近的垂釣地點：倫敦西部郊區錫永公園（Syon Park）的鱒魚湖。這個湖位於莊嚴的錫永宮（Syon House）內，最初是由十八世紀傑出的景觀建築師布朗大師（Capability Brown，全名為 Lancelot Brown）打造的。就在這裡，我的釣魚生活獲得了重生。

錫永公園是一處奇特的世外桃源。這裡既不完全是城鎮，也不完全是鄉村：湖邊的籬笆外圍著牛群，鵝群在湖岸徘徊，遠處看得見高樓大廈，飛機在上方希斯洛機場的航線上轟鳴而過。然而，就在我生命中迫切需要某種寄託的時候，錫永公園成了我的避風港。我幾乎每個週末都會到此，偶爾與一位熱愛釣魚的老同學同行，有時也會拉一位不釣魚的熟人作伴。但是大多時候我都是單獨一個人，一想到可以無憂無慮地度過一整天，我的精神就會振奮起來。

我需要的全部裝備都在車上，我會在車子裡組裝我的釣具。我有一套最簡單的釣魚工具箱：只有一條浮水線（floating line）和一小盒毛鉤，沒有可以替換的竿節或釣線可供實驗。如果我早點出發，也許就能占到我喜歡的釣點之一，在一座橋的右側，靠近一些樹木：這兩個自然的特徵為魚群提供了庇護所，而且經驗教會我，在這個位置拋投可以獲得一日的豐收。假如我想考驗一下自己，我就會繼續往湖的頂端走，那裡的灌木叢同樣讓人確信有魚群，可是環繞的樹和樹葉會使拋投變得更具挑戰性——若粗心大意，釣線很可能會被樹枝纏住。

那些日子我釣魚的次數非常頻繁，以致釣魚開始占據我全部的生活。工作時，我會把空閒的時間花在思考新的垂釣地點，而不是海灘假期。朋友們有時會冷冷地嘲諷我花那麼多時間待在河邊。一個星期六晚上，當我正要出門去參加一個派對時，才意識到我沒有東西可以帶去送人。匆忙之中，我能想到的只有那天下午釣到的鱒魚，正躺在我的冰箱裡。我在朋友的家門口遞出這份禮物，滿懷驕傲地把一個滴著水的包裹交給他們，他們則是禮貌卻困惑地收下。

我回到了起點：在湖裡釣褐鱒和虹鱒，這是最簡單、最容易上手的垂釣方式之一。我最初在斯托昂澤沃爾德的家附近就是用這種方式學會釣魚的，現在，這也是我自己學習釣魚的方式，追蹤不斷穿梭在平緩水域中的鱒魚，牠們在湖床上、水生植物之間、水柱中和水面上覓食。我一整天絕大部分的時間都花在觀察水面，尋找上升的漣漪——魚兒逆流而上的跡象——揭示藏在河岸下或樹葉間的鱒魚的存在。我催促湖水給我一個信號：**來吧，做點什麼吧**。

每個星期六都是另一次迷失在抉擇迷宮中的機會，這是釣魚運動的一部分：站在哪裡？用什麼拋投動作？如果看起來沒什麼動靜，要不要換毛鉤？另一個讓我自己沉浸在嚴謹的拋投技巧中的機會：一門以其細微的差異來引誘、嘲弄和教導你的學問。向後甩竿時，要用足夠的力氣使竿子充滿能量，卻又不能太過用力，否則會聽到可怕的鞭打聲，那說明你操作過度，導致釣線交叉了，甚至可能真的會讓線打結。

開始通常是這樣，這是最好、也是最艱難的階段：我還有很多需要學習的地方，但也能從每一個小小的成就當中得到最純粹的喜悅，一個好的、準確的拋投，幾乎和釣到魚一樣令人歡喜。雖然我也上過幾堂課，但大都是自學：這是比較慢、比較難，但終究是最充實的一條路，在這條路上，你要學會依賴自己的經驗和直覺，而不是等著別人指著水中的一道縫隙、糾正你的技巧，或是告訴你要到哪棵樹下拋投。然而，這也意味著長時間的沮喪，我會譴責自己拋投的距離不夠遠，然後用過大的力量造成矯枉過正，並浪費時間在解開釣線上的風結（wind knots）[18]。望著湖面，我不禁好奇，為什麼別人可以一而再地做出完美的拋投，而我自己的動作卻很笨拙，釣線環圈鬆垮，魚兒似乎對我挑選的每一種毛鉤都很排斥。

然後不知怎的，疑慮散去，錯誤遠離，節奏感也來了。我會知道自己給出了剛好足夠的時間，讓釣線環圈完全飛起，使出適當的力道揮動釣竿，並即將得到回報——看見毛鉤隨著我的靈魂翱翔，準確降落在我期望的位置上。有時候，這種時刻要到很晚才會來臨，經過數小時的嘗試和錯誤、努力和魚網落空之後。儘管如此，我還是會努力不懈，徹底利用當天每一分鐘的釣魚時間，即使太陽開始下沉，溫暖的陽光和釣到魚的希望一起消失，我依然繼續拋投。

在其中一個這樣空白的星期六，我知道頂多還有十五分鐘的時間，就得空手在黑暗中走回車上。在嘗試了其他所有的方法之後，我打出最後一張牌：一個橘色的、模擬小型甲殼動物、水蚤等浮游生物群聚的毛鉤（blob fly），毛茸茸的、芬達汽水的顏色，是我盒子裡最亮、最大膽的誘餌。我趕緊將它綁在釣線上，然後操作我知道是這天的最後

---

18 譯註：與名字無關，打結的原因不是風，似乎是拋投過程中神奇產生的，可以是單一的結，或一團糾纏的結。形成風結的其中一個例子是拋投時迎向逆風，前導線越過毛鉤而交叉成結。

幾次拋投之一。第一次嘗試就成功了，一條鱒魚用力拉著釣線，讓我驚訝得差點把釣竿掉在地上，魚兒把鉤子咬得非常緊，我甚至能看見牠的頭衝出水面。釣到那條鱒魚不僅感覺像一場勝利，為這辛苦漫長的一天畫上高潮的句點，還讓我回到了十一歲，內心那股瞬間爆發的喜悅與魚兒咬住毛鉤的力道互相呼應。更重要的是，這份喜悅感覺是**辛苦掙得的**，是對我的嚴謹和精確度的獎勵，是對我慢慢進化的技術和技巧的肯定。

在湖邊垂釣的這些日子，不只是單純的童年懷舊。從紐西蘭回來以後，我就一直在黑暗的池子裡繞圈游泳，這些日子也慢慢將我從那池子拉出來。童年時期的釣魚經驗讓我嘗到釣魚帶來的興奮與挑戰，以及對下一次釣到魚的追求，卻很少讓我理解到釣魚能如何放空思緒和撫慰心靈。當我手持釣竿，心思只專注於眼前的事物時，干擾和有害的想法就會消退——起初只是那個下午，但漸漸地，這種效果也延續至一整個星期。我的焦慮會徹底消失，取而代之的是我對觀察水面、聆聽水的樂音，以及解讀那些提示在何處及何時拋投毛鉤的線索的需要。我學會愛上釣魚的單純感受：置身於一個其他事物都不重要的環境中，你腳下的水從你存在以前就一直這樣流淌著，而且在沒有人記得你以後還會繼續流淌。

重新拿起釣竿也讓我想起真正的自己：一個堅定獨立、雙手靈巧、有能力立定方向的人。垂釣幫助我記起我能做的事和我想做的事，減少那些為出錯的事和無法改變的決定而痛苦所占據的心理空間。

我的信心開始增長。不久之後，我不再滿足於錫永公園的平靜湖泊，於是開始帶著鱒魚釣竿到更遠的地方冒險——劍橋郡（Cambridgeshire）的格拉夫罕水庫（Grafham Water），在那裡我說服了一名當地的漁夫，帶我搭乘他的船去釣鱒魚；還有漢普郡（Hampshire）的泰斯特河（River Test），那是我第一次接觸到它清澈得眩目的白堊河（chalk stream）[19]水。

我不在河裡釣魚的時候，就在思考下一次可以去哪裡、我想造訪的河川，以及我想試驗的技巧。我很少有不在想釣魚的時刻。在一次和朋友去挪威健行的旅途中，我堅持要在一條河邊停下來，因為我看到了一根差不多能做成釣竿的樹枝。儘管我們沒有釣魚的計畫，我還是把帶在身上的捲線器接上，然後把釣線甩到水面上。令我欣喜的是，一條小褐鱒探出水面，咬住了我的毛鉤。

即便是我陪朋友去見一位通靈人，並決定為自己算命時，釣魚也離我不遠。我喝著茶，看著被發到我面前的牌，懷疑除了一連串模糊不清又難以驗證的預言之外，我還能聽到什麼。我生命中有某個人在嫉妒我，我不會嫁給我當時的男朋友——雖然這個最後

19 編按：指流經白堊岩層地區的溪流或河流，這些溪流通常具有非常清澈的水質和穩定的水溫，因為白堊岩能夠過濾水中的礦物質，並保持水的清澈和純淨。

的預言結果證實是準確的。在她說出最後一句話時，我其實已經快失去興趣了。「我看到的最主要的東西，事實上這是我唯一一直看見的東西，就是到處都是水。我不確定妳是在水中還是在水上旅行，但我看到的就是水。」

通靈人的預視可能是大概的，但當我離開時，我很清楚它可能代表的意義——更重要的是，我**希望**它代表的意義。我找到了能帶領我向前行的目標。當時我還不知道釣魚會成為我的職業，但我已經將它視為重心和抱負的源頭，驅使我不斷需要進步並證明我可以做得更好。為了在我的生命中開闢出一片可以靠自己去打造的天地，在那裡成功是我努力工作的贈禮。垂釣是獎勵和挑戰的完美平衡，可以同時滿足我性格中安靜和喧鬧的一面。到那時我已經確信，沒有什麼事比釣魚更能讓人保持正念、平息焦慮和建立自信了。

在湖邊，我變得比較不那麼關注自己，更願意向其他釣手尋求幫助和建議，也愈來愈熟悉我的拋投技巧。儘管我習慣性地急躁，但我必須提醒自己，我仍然只是個新手。某個漫長的下午，在鱒魚湖邊，一位在我附近釣魚的年長男性對我說：「妳會成為一名好釣手。」他微笑著，身穿一件條紋 POLO 衫，與我在蘇格蘭經常看到的穿斜紋軟呢毛衣的釣客形象不太一樣。自豪立刻湧上我的心頭，他卻緊接著說出他的關鍵結語：「如果妳再練習一、兩年的話。」

我知道提升技巧需要時間，但這不會阻礙我。我現在堅定地回到了水的魔力之下，這提醒了我，雖然毛鉤是用來誘魚的，然而在很多方面，上鉤的是垂釣者，一步步地被拖進釣魚充滿無盡可能的世界。釣魚是願望清單的終極追求——你遇到的任何一位認真的釣魚愛好者，對於所有他們想去的地方和想釣到的魚，都能滔滔不絕地說上好幾個小時。

垂釣會以同樣的力量將你拉回刻印著多年記憶的水域，並將你往前拉向那些你將首次體驗的水域。總會有另一尾魚等待追逐，有另一條河流的細微差異需要了解，另一種拋投的技巧變化可以學習。唯有在掌握了基本功之後，你才能體會到垂釣陡峭的學習曲線，以及無盡的經驗和能力的階段性變化。這些都會透過經年累月的練習逐漸顯現出來，就像螺旋式的知識階梯，不斷攀升而上。做為一個喜歡挑戰自我、學習和不斷邁向下一個目標的人，垂釣對我來說是完美的。每當我在一天的釣魚活動結束收拾裝備時，我的腦中只有一個問題：下一次去哪裡呢？

CATCH
釣獲

04
初入釣魚界

除了蘇格蘭的鮭魚垂釣河川之外，英格蘭的白堊溪流堪稱不列顛水道的珍寶。在水源由地下含水層供給的溪流中，水流緩慢而淺，岩石和碎石提供了寬闊的藏身處，食物和氧氣也很充足，因此有豐富的褐鱒、銀鮭和紅邊鰭的茴香魚。正如小說家理察・亞當斯（Richard Adams）在《瓦特希普高原》（*Watership Down*）[20]中描述的，這些魚不僅存在，而且清晰可見：「突然，從橋下游過來一尾礫石色的魚，身長跟兔子一樣長，扁平尾巴慵懶地擺動著。在上方的觀察者，可以看見牠身側黝黑而鮮明的斑點。牠警覺地逗留在觀察者下方的水流中，隨之左右搖擺。」

亞當斯描寫的正是漢普郡的泰斯特河，全國最長、最重要的白堊溪流：這是一條充滿英式風情的水道，兩岸點綴著垂柳、茅草屋頂的小屋與大量豐富的花卉，從有著如伸向太陽的手指般粉紅花瓣的知更草，到樸素溫暖的奶黃色水仙。泰斯特河穿越象徵英格蘭南部的白堊地，給人一種永恆的感覺：乾淨、清澈、含氧量高的水從白堊地下含水層中湧出；它的水流穩定，溫度適中，呈鹼性，白堊把令大多數河水混濁的沉澱物都過濾掉，只留下清澈可口的溪水。

這條寧靜的河流，寬敞開闊的河段深度幾乎不及腳踝，隨後轉入狹窄、植被叢生的角落，在流經漢普郡的鄉間時，似乎與周圍的環境融為一體；從它靠近珍・奧斯汀（Jane

20 編按：理察・亞當斯（1920-2016）是英國小說家，他的第一本、也是最著名的小說，就是《瓦特希普高原》，該書被譽為二十世紀最出色的英國小說之一，並曾多次改編成動畫電影與電視影集。

Austen）出生地的源頭艾希（Ashe），經過包括羅姆西修道院（Romsey Abbey）在內的地標，從阿爾弗雷德大帝（Alfred the Great）之子的統治時期，到亨利八世（Henry VIII）解散修道院為止，這裡一直是由女院長掌權。其中一位女院長艾塞弗莉塔（Aethelflaeda）因在河中沐浴而聞名。她甚至被認為行了一個奇蹟，據說修道院的牆壁變成了玻璃，讓她可以看穿牆壁，就像看著泰斯特河那清澈如琴酒的水一樣。

跨越四十多哩和數個世紀，泰斯特河一直深深吸引著作家和垂釣者的想像，因為它的水質清澈迷人，而且孵化密度極高——傍晚時刻，當昆蟲從卵中孵化飛至河面，鱒魚便會跳上來覓食。能夠在這條河進行目視釣法（sight-fish）[21]的單純樂趣永遠不會消失，無論你是跪在光禿禿的河岸上拋竿，眼睛盯著上面只有一層淺淺水流的燧石河床，或是彎著腰站在赤楊木屈身保護的樹蔭下；赤楊木長長的根伸入河水中，會將魚和毛鉤都輕攬在懷中。

然而，我們不應該理所當然地認為這條美麗、寧靜、壯麗且充滿生物多樣性的河流將永遠如此。做為英國代表性的河川，或許也是最著名的一條白堊溪流，泰斯特河也是一座晴雨表。在我釣魚生涯的十年間，多方因素導致河流的狀況愈來愈令人擔憂，氣溫上升、基礎建設維護不善，加上水公司獲准將未經處理的汙水排入河川，直接讓汙染注

21 編按：指用目視的方式找到目標魚後，再針對鎖定的目標魚作釣的方式。

入我們大自然的動脈。正如近年發生的幾起事件所顯示，縱使是擁有高知名度和受保護地位的泰斯特河也面臨危機。二〇二一年夏天，柴油外洩到下游的一段河道後，河水受到汙染，導致環境局（Environment Agency）將這段河道指定為對野生動物「不利」的河道。前一年的監測顯示，未經處理的汙水倒入泰斯特河及其支流的時間合計達四千小時。二〇二二年，英南自來水公司（Southern Water）請求取得一項許可，允許該公司繼續從泰斯特河取水，儘管當時泰斯特河已降至危險的低水位，不過最終在公眾輿論的壓力之下撤回了申請。

這些事件是令人擔憂的現象的一部分：英國的河川正受到三頭怪獸的攻擊，即乾旱、下水道系統不足所造成的溢流，以及農業和工業所產生的化學廢棄物。同樣的狀況也發生在其他地方：在美國，二〇二二年的一項研究測量了將近一百五十萬哩的河川和溪流，發現超過一半的水已因汙染而無法在其中游泳或提供飲用，也無法養活水生生物——主要的罪魁禍首之一，是包括農業在內的產業汙染。

泰斯特河是我們最珍貴、最著名的河流之一，它的問題顯示出全國整體的河川汙染有多麼嚴重。與其他白堊溪流一樣，泰斯特河不僅是歷史悠久的鮭魚群棲息地，也孕育著基因獨特的鮭魚。這些魚群的數量已經下降，如果繼續減少的話，我們將會失去無法取代的東西。

這些河流必須受到保護，因為如果沒有它們，許多緊密共生的野生動物將會受苦和死亡：化學物質滲入水中，刺激藻類大量繁殖，導致植物窒息而死；昆蟲的食物來源會因為汙染而被斷絕，這對以昆蟲為食的魚類造成連鎖反應，再加上水溫上升和含氧量受損，進一步使魚群遭受苦難。萬物息息相關：除非我們採取必要的保護措施，否則這些奇妙而脆弱的生態系統將會消失。

≋

與錫永公園平靜的湖面截然不同，在泰斯特河釣魚帶我回到了這項運動最純粹的形式。對於已經開始對自己的技巧有信心的垂釣者來說，擁有漩渦和原始棲息地的河流，是更激烈和難以抗拒的體驗。在泰斯特河，錯誤更容易發生——釣線被後面的樹枝卡住，或被前面的植物纏住——但是從這條河中誘魚的感受是其他地方無法比擬的。你能確實感受到對自己行動的掌控力，以及與周遭環境的微妙變化和複雜性協調一致。假如我只能選擇讓世界上只留下一條河流保有其原始和野性的狀態，那答案非泰斯特河莫屬。

自從我第一次造訪泰斯特河以來，我就非常喜歡來這裡：在其無瑕的水域釣一天的魚之後，通常會在史特拉福鎮（Stratford）的祖父母家舒服地過一夜；我記憶中那是他們唯一住過的房子，也是從我童年至今都沒變過的老家。然而，這一天很不一樣。我站在河岸上，手中拿著釣竿，一尾鱒魚映入眼簾。我的胃緊張得像打了結，告訴我這將不會是一個注視河水和感受流暢拋投動作的平靜早晨。我來泰斯特河並不是為了享受，而是來接受審核的。在這個永恆的背景下，我面臨著一個非常迫切的問題——我的釣魚生涯還處於萌芽階段，而我是否有能力踏出第一步。

我垂釣的次數愈多，就愈不想獨享。我想和大家分享，經過一整天的拋竿，終於在最後一刻釣到魚的喜悅和釋放的時刻。沒有思考太多，也沒有任何計畫，我就轉而使用社群媒體。我的ＩＧ帳號開始變成一種不太協調的組合，既有派對照片，也有鱒魚和毛鉤樣式的照片。今天，我會仔細思考自己放在公開領域的一切資訊，但那時是ＩＧ平台相對單純的早期階段。我不曾想過，我所分享的內容會超越家人和朋友的圈子，更沒想到它會帶來更多的效應。

當我把在斯佩河釣到的「銀條」（即鮭魚）照片發布到ＩＧ上時，我開始收到一些我不認識的人的按讚和評語。在我人生的這個階段，釣魚是一種單純的痴迷，是我想談論或思考的一切。現在我發現了其他也想這樣做的人：他們是會稱讚我釣到的魚、祝福我好運、問我在哪個河段釣到魚、用的是什麼毛鉤的釣魚愛好者。很快地，我在網站上發布的社交生活內容愈來愈少，釣魚的輝煌功績則愈來愈多。不久之後，我為自己的網路身分添加了「fishing」（釣魚）這個字眼，將自己定名為：@marinagibsonfishing。

當時人們才剛開始談論「網紅」這類的概念，企業也才剛開始看見社群媒體在觸及新受眾上的價值，而我意外成了趨勢的一部分。某種程度上釣魚也是如此。在新媒體的鏡頭下，這項古老的運動展現出意外輕鬆的樣貌。水的閃爍光澤，周遭的多樣風景，以及魚類本身的美麗細節，都讓垂釣成為一個出乎意料、上鏡又吸引群眾的主題。在成長的過程中，我見過很多包括我的教父在內的垂釣者，都會手寫一本釣魚日記，描述每一天在水域上經歷的起伏。ＩＧ成為我的現代版釣魚日記，描述著勝利的時刻和沮喪的日子，它還加上一個特點，就是可以激發交流和對話，讓一名垂釣者和另一名垂釣者分享技巧和經驗——就像在世界各地的每個河岸上所發生的事。（也會有不太受歡迎的網路回饋訊息，這一點在關注我的群眾愈來愈多後，我才發現。）

我很享受釣魚生活中這嶄新的一面，但沒有刻意去計劃，也沒有意識到它可能握有得到我現在最想要的事物的關鍵，也就是把釣魚從興趣變成職業。之後，知名釣魚用具品牌歐維斯（Orvis）與我聯絡。他們喜歡我正在做的事，可能有興趣一起合作，問我是否願意參加他們在泰斯特河舉辦為期一天的活動。我知道這意味著什麼：可能的贊助。這是我的機會——也許是最好的、甚至是唯一能得到的機會。

我繞過U型的特定河段，一路往上游前進，意識到主辦方人員的目光注視著我。隨著上午的時間過去，我拋竿的次數愈來愈多，卻沒有一次好運，壓力開始爬上我的手臂，進入我的肩膀。我知道我沒有做錯什麼。我的釣線非常筆直，後拋時隨著環圈的飛揚繃緊得恰到好處，馬蹄形的環圈輪廓在靜止的空中閃過，淺水在等待著。然而，每次當我把毛鉤推到河面上時，它似乎都無法達到預期的效果，如水面下的燧石一樣堅硬無情。

最讓我受盡折磨的是，白堊河水非常清澈，我可以看見我想要釣上岸的那條頑固不動的魚身上的每個細節。那天早上，在我尋找的魚當中，有一尾成了我特別關注的焦點。我幾乎可以數出沿著牠整個側腹排列的豹紋斑點，緊接著的是香檳色的下半身。就像《瓦特希普高原》書裡的兔子一樣，我看著我的目標魚在水流中毫不費力地懸著不動，利用溫和的水流將自己固定在原地。牠移動的距離僅足以攔截經過的一小口食物，就像輸送帶上的壽司，但牠從未偏離牠小心守衛的領土。我知道牠是「露頭魚」（riser）[22]，並見過牠浮出水面覓食好幾次。不過當幾分鐘變成了一小時，幾次拋投變成了幾十次，顯然牠並不打算咬下我的毛鉤。

毛鉤：永遠是愛與恨、討論與痴迷的源頭。纏繞在金屬鉤子上的線、人造羽毛、翅膀和眼睛，我們把當天釣魚上岸的希望都寄託在那上面，只要能找到合適的毛鉤：能夠吸引鱒魚注意的毛鉤，看起來就像牠一直在等待的下一口食物，迫使牠張開嘴咬餌。在毛鉤釣包含的所有決定和考量中，沒有一個像釣線上應該綁哪種毛鉤這個問題一樣占據那麼多的時間與煎熬：要用小的還是大的？微妙而隱秘的、還是張揚而大膽的？在每條河岸邊，關於魚會吃什麼毛鉤、用什麼毛鉤最有效的爭論很激烈，謠言也不絕於耳。然後開始釣魚了，而在損龜的日子，兩種聲音會開始堅持己見，那是每個垂釣者肩上的天使與魔鬼。

堅持用它。

第一個想法，一定就是對的想法。給它一個機會，你選擇這毛鉤是有理由的，不要輕易放棄。

換一個。

22 編按：指上浮就餌或覓食，並在水面造成漣漪的魚。

彷彿有人拉了你的袖子一下提醒你。你做了一個糟糕的決定。這本來就不是正確的毛鉤。去換個別的試試。

你看一看你的毛鉤盒，知道裡面有更亮一點、更明顯一點，或更符合你見過的活飛蠅的東西。當鱒魚上浮吞食停在水面上的飛蠅時，你伸手取出一支乾毛鉤，它能模擬魚兒正在大快朵頤的昆蟲，無論是石蛾、山楂盾形蟲、浮游或其他許多昆蟲之一。如果沒有任何魚浮上來，若蟲毛鉤（nymph，一種形似被送入水中的未孵化幼蟲的溼毛鉤）可能就是答案。或者你可以嘗試用飾帶毛鉤（streamer）誘魚，藉由快速將它拉過水中，來模仿水生生物敏捷的動作，還可以透過快速拉線的「收線」動作，來讓你的溼毛鉤保持動態。毛鉤盒是一個隨時存在的誘因，而垂釣者的藝術就在於決定何時要屈服更換毛鉤，何時要再堅持一下。你永遠處在換另一支毛鉤的邊緣，同時又不斷告訴自己不要急著換另一支。

這是毛鉤釣一個長期以來的爭論話題，可以追溯至年代久遠的文獻。作家弗雷德里克・莫里斯・豪弗特（Frederic Maurice Halford）[23]在一八八九年的文章中批評道：「現代學校太沉迷於不斷地更換毛鉤，常常只是為了更換而更換……忘了錯誤往往在於他們自己缺乏辨別力。」豪弗特是維多利亞時代毛鉤釣的權威，以「超然獵」（Detached

23 譯註：1844-1914，被譽為「現代乾毛鉤釣之父」，是極具影響力的英國垂釣者兼作家，以宣揚在英格蘭白堊河域使用乾毛鉤技法而著稱。

Badger）這個令人想不到的筆名寫作，他傳播乾毛鉤的福音：一種放置在水面的人造誘餌，必須拋投在上游，在鱒魚浮上來覓食的頭部後面，如此它就會飄過鱒魚的視線，就好像是大自然而非垂釣者把它放在那裡一樣。豪弗特就是在泰斯特河進行對蒼蠅生命和鱒魚覓食模式的大量研究，執迷地追求開發出精緻仿真的人工複製品。

豪弗特對河流垂釣的影響持續至今；在許多特定河段，垂釣者在大部分的季節都只使用乾毛鉤，而摒棄若蟲溼毛鉤和飾帶毛鉤。對豪弗特的追隨者來說，使用後兩者幾乎是作弊，太接近使用真正的生魚餌釣魚，他們認為，只有用嚴謹技術引誘鱒魚浮上來咬住水面上的乾毛鉤，才能真正稱得上是釣魚。

深知當地的乾毛鉤垂釣規矩，只是徒增我那天感受到的壓力。我知道我是為了踏入釣魚界的門檻而拋竿，而在這個歷史性的場景中，很容易就會犯下新手的錯誤。

儘管如此，我還是沒有理會豪弗特的警告，避免頻頻更換毛鉤。茲事體大，今天可不是耐心等待的日子。我不停地變換毛鉤，從浮游到石蛾、從羽化式毛鉤（emerger）到亞成蟲乾毛鉤（upwings）、甲蟲和螞蟻，向鱒魚投擲不同形狀和顏色的誘餌，希望擲出的那一支能神奇地喚起鱒魚的注意，任何能引誘牠浮出水面覓食的都行。一次又一次，結果都一樣，我為自己一而再的改變而自責，幾乎每一次剛做出決定就後悔。對岸有個戴著漁夫帽的垂釣者不斷向我投來好奇的目光，似乎對我的一舉一動感到難以理解。

午餐時間快到了，我已經可以想像自己是唯一從早上的釣魚活動中空手而回的人。我決定做最後一次的變動。我拿起一支大蚊毛鉤（crane fly），相信它的兩片槳形翅膀和六條瘦長的腿可以誘惑到鱒魚。外號「長腳老爹」（daddy-long-legs）的大蚊，是鱒魚感興趣的食物來源，也是典型的泰斯特河飛蠅。我把它留在盒子裡，是因為我沒有在水面上見過真正的大蚊，而且我一直在試著符合那尾極度挑剔的鱒魚的覓食模式，所以我是在近乎絕望的情況下才轉而使用大蚊毛鉤，這是一支非常顯眼的大型毛鉤，我知道它落餌時會比我之前拋投的任何一支毛鉤都更重。在我再次懷疑自己之前，我已經著手打結，在口中溼潤一下，使線在收緊時保持柔韌，接著就開始拋投。

使用大蚊毛鉤的第一次拋投，就產生了作用。順暢地、安靜地，彷彿從一開始就是如此計劃似地，我的目標鱒魚浮上來，在吞下鉤子時頭部幾乎撞上毛鉤。釣線令人安心地收緊，一股我從未感到如此如釋重負的張力。很快地，那條鱒魚就進了我的網中，我讓牠的身體躺在水中休息，也證明了我終究有能力釣起一條魚。身旁的一名垂釣者朝我點頭，給了我一個友好的評語，證實我在眾人面前留下了正確的印象。他甚至稱讚我願意不斷更換我的毛鉤。

這是從大難臨頭翻轉為成功的一天。不久之後，我就成為歐維斯的品牌大使，第一次嘗到在釣魚界工作的滋味。我同意使用並談論他們的釣具裝備，並在國內釣魚季節的春夏月份參加各種活動。我在倫敦有一份擔任高級私人助理的全職工作，但是我的心思愈來愈轉向如何讓釣魚盡可能成為我生活和生計的重要部分。我抓住每個機會，熱切地在任何允許的時間與地點釣魚。不過，當我的釣魚生涯逐漸成形，並朝著夢想出發的時候，我很快發現，我的熱情並非總是能夠得到回報，在我希望稱之為家的行業裡，我也不會總是感覺受到歡迎。

大西洋鮭魚的史詩之旅

地球上的大陸並非止於肉眼可見的陸地與海洋交界處。地面延伸，沒入將成為深海的水域中，形成所謂的大陸棚（continental shelf）。大陸棚先是傾斜，最後急遽下降，進入大洋的深層海底。大西洋鮭魚就是沿著這個先緩步再驟然下降的坡道游行，利用流經大陸棚水域的急速北向海流，游向挪威的海中覓食。

在這個初期的海洋旅程中，大西洋鮭魚享受著由大陸棚含氧充足的水域所提供的豐富多樣的食物。牠們通常以組成小魚群的方式前進，這些結伴同行的後銀化鮭魚會為彼此護航，有助於辨別方向和偵測掠食者。

然而，關於鮭魚的旅程，除了我們確知的部分之外，仍存在著一些未解之謎——古怪的行為和推動鮭魚看似不可能的遷徙進程、難以解釋的能力來源。鮭魚的北上之旅，帶領牠經過視線可及卻幾乎不會停留的覓食地，並前往牠還無法預知是否存在的其他覓食地。

鮭魚專注的焦點愈來愈窄。牠們朝北奮力前進，越過大陸棚，游下斜坡。可是牠們怎麼知道自己要去哪裡呢？這又是一個謎，人們目前只掌握了部分的解釋。磁性導航的形式可能是其中的關鍵；這是由牠們體內的微粒所促成，部分吸收自食物中的鐵質，與信鴿的生理特徵類似。這可以解釋鮭魚穩定向北的內在羅盤，以及牠顯然懂得利用海洋特徵來發揮優勢的先進能力。

驅動鮭魚前進的究竟是磁力還是對水溫或鹽度的敏感性，目前仍是科學假設和揣測的問題。不過，毋庸置疑的是鮭魚在自我導航、穿越與出生地截然不同的環境時，所展露出的那種鍥而不捨的本性。在進化的驅使以及周圍同伴的影響之下，鮭魚繼續向前，沿著大陸棚下沉至深海，周遭的環境也變得更加遼闊且深不可測。

在剛涉足釣魚界時，我漸漸習慣看到一種表情：當我自我介紹時，男人們的臉上會出現一連串的表情，就像你用拇指快速翻閱一本漫畫書看故事的發展一樣。首先是驚訝：**一個女人**。然後，他們想出一個解釋時會鎮定下來：**可能是在替她的男朋友買東西，或是某人的秘書**。最後，當我解釋這些裝備是買給我自己的，或者說我是在為自己詢問工作機會時，他們明白之後，臉上會出現一種介於好笑和蔑視之間的表情。

這些都是我在倫敦的釣具店和英國鄉村運動展覽會（Game Fair）曾遇到的表情；該展覽會是一年一度的鄉村運動盛事，在成長過程中我固定會和家人一起參加，也是我尋找釣魚工作的第一站。我走過一個又一個的攤位，人們會收下我的履歷表，卻看也不看一眼。他們的眼睛反而盯著我，上下打量著我，然後再看向身旁的人，彷彿要分享他們當天看到的最好笑的笑話：**一個女生，想在釣魚界工作？**

如果因此以偏概全地呈現我身為女性在釣魚運動中的經歷是不對的，因為我在釣魚運動中所走的每一步，也得到了很多釣友的支持與鼓勵。女性參與釣魚運動的人數一直在增加，這建立在一個悠久的傳統上，證明在這項運動的歷史上，女性一直都是最引人注目和最成功的垂釣者之一。女性休閒垂釣者人數愈來愈多，她們充分利用專門支持女性參與的俱樂部、活動和用品店。與此同時，垂釣活動仍很難擺脫其男性主導與排他的名聲，這在我剛開始勇闖垂釣界時尤其如此。今日，女性走進釣具店的景象已經不像二〇一〇年代初期那麼稀奇了，更別說是我母親開始認真釣魚的一九八〇年代。女性在垂釣活動中，以身為嚮導、主辦人和籌辦者的表現都更活躍也更顯眼了。然而，十年之後，人們的態度並沒有完全改變。我最近教導的一位女性學員告訴我，她去買裝備時，竟被問到是否要「幫妳先生看看漂亮的毛鉤」。

在我早期獨立垂釣的日子，我有時是單獨行動，有時會帶一位朋友到錫永公園的湖邊垂釣，而我從來不確定自己會遇到什麼樣的對待。對一些垂釣者來說，我們是有趣的新鮮事。當我帶著身穿皮夾克和緊身牛仔褲，根本不打算靠近釣竿的朋友ＳＪ同行的時候，我注意到鄰近的一位垂釣者一直疑惑地看著我們，也許是在猜她是否打算試一試。他一直中魚，到最後，在釣到一條鱒魚時，他慷慨地把釣竿遞給ＳＪ，讓她可以收線得魚。

另一個類似的小插曲就沒那麼愜意了：打著教我朋友如何拿釣竿的幌子，一個男人用雙臂環抱著她，並且把手放在她的手上做示範——這完全侵犯了她的私人空間，也是教別人如何拋竿時最不應該做的事。不過最常見的情況是，人們根本不想跟我互動。我會遇到一些男人，通常較年長，他們在河岸上會對站在旁邊的我視若無睹，或是他們的對話只限於模糊不清的單音字。他們傳達出的訊息很清楚：我不屬於他們的世界。

我在英國鄉村運動展覽會上遇到的少數熱心人士之一，是一位來自加拿大的垂釣旅遊業者，他警告我這些態度的黑暗面。在喝了一杯「鱘魚尿」——他秘藏的私釀酒——之後，他提供了令人警醒的建議：「妳需要注意的是，釣魚圈裡有許多野狼，要小心慎選妳的合作對象。」一起初我並不確定這段話的意思，但是我早期涉足這個行業的經歷就讓我完全明白了他的意思。在工作之餘和假期裡，我開始從事垂釣旅行，為旅遊公司做一些零散的工作，並開始努力在垂釣協會（Angling Trust）[24]取得我的第一個教練資格。在辦公室附近的綠園（Green Park）[25]，我開設了一個每週一次的免費午間課程，人們可以前來學習基本的毛鉤釣技巧，課程的名稱是「在綠園拋竿」（Casting in the Park）。歐維斯慷慨地提供了釣具。這是我的第一次教學經驗，而我發現這令我有極大的成就感。即使離水邊很遠，人們只是把釣線拋投到草地上，我也很享受幫助他們改善技巧並感受

24 譯註：由六個垂釣管理單位合併而成，目的是維護垂釣者的權益，成為一個單一且更有力量的非營利組織。

25 譯註：皇家八大公園中最小的一個，位於倫敦聖詹姆斯公園與海德公園的中間，占地四十英畝。

到肩膀、釣竿和釣線能協調同步運作的滿足感。這是一個早期的指標，顯示出我不只希望自己一生都可以垂釣，還希望說服更多人嘗試垂釣。

天真的我並沒有認真想過有人會利用我對釣魚的熱情，以及在垂釣界找到立足點的渴望，但的確有幾個人真的那麼做了，我也經歷過幾次明顯的性別歧視和掠奪性的行為。某家公司提供一個幫忙促銷他們品牌的交易，可是就在我們準備宣布合作的時候，公司老闆突然表明，他希望照片上的我盡可能穿得清涼一點；我到他的釣魚網路商店一看，發現他竟然已經公開了一張我穿著比基尼的照片，是未經許可、從我的社群媒體上擷取下來的。

在我的第一次海外垂釣旅行中，籌辦者是一個我幾乎不認識的男性，他發電子郵件給我，說我們會共用一個房間。我堅持要住單人房，但是當我們抵達目的地時，他卻非常不友善，不斷批評我的技巧，還責罵我丟魚（losing fish）[26]。我感到緊張和倉促，所以丟了的魚比應該的還要多。我們在水上共乘一條船，所以根本無處可逃。我感到脆弱，同時領悟到，在選擇與陌生人一起出國釣魚時，我需要具備更多街頭的智慧。

這類事件只是例外而非常態，但釣魚絕對是男性主導的世界。我在垂釣協會參加一級教練培訓課程時，講師笑著說記得我是那個遲到並走進一間只有男性的教室的「緊張

---

26 編按：釣魚術語，指在釣魚過程中，釣到魚後卻未能成功捕捉或拉上來的情況，可能是出於魚逃脫、釣線斷裂、魚鉤脫落，或是操控不當等因素。

的女孩」。幾年之後，我參加二級培訓課程時，講師是一位鼓舞人心的女性——蘇，但我仍然是唯一的女學生。

沮喪之餘，我有時會和母親分享這些經歷，她會點點頭，露出聽到再熟悉不過的故事的表情。「她會拋竿嗎？」是一九八〇年代時，母親在蘇格蘭的河流上會無意間聽到吉利們懷疑地低聲嘀咕的話。即使她是一個喜歡水的孩子，但有時候她的哥哥外出釣魚一整天時，她還是會被留在家裡。

令人高興的是，當我參與愈多垂釣活動，就愈明白身為一名女性垂釣者，我一點也不孤單。在垂釣節目和展覽會上、垂釣學校的同學間，以及世界各地的垂釣旅行中，我認識了許多女性，她們讓我看見，我們可以像任何男性一樣對垂釣痴狂，而且垂釣可以更多采多姿，而不只是古板的和斜紋軟呢毛衣。透過垂釣，我認識了一些最好的朋友：她們的個性堅強又開朗，跟我的個性很合，她們也都一致認為，沒有什麼比垂釣更能讓人感到與自我合一，又能與他人共處。她們當中有一對「克蕾兒二人組」，分別是克蕾兒B和克蕾兒S，前者是用雉雞羽毛繪畫的藝術家，後者是商務律師。但是在河岸上我們站在彼此身旁時，感覺就像是同一個人的三個版本。

諷刺的是，女性有時在垂釣運動中會被迫感到不受歡迎，因為女性垂釣者其實有一段令人自豪的歷史，她們曾創造一些史上最大和最著名的釣獲紀錄。一九二二年十月，在釣魚季尾聲的某天黃昏，蘇格蘭護士、也是一名吉利之女的喬治娜・百齡壇（Georgina Ballantine）成功地讓一尾泰河（River Tay）鮭魚咬鉤，而當天已經釣獲三條鮭魚的她，預期這次也能輕鬆地把這條魚釣上岸來。她並不曉得，釣線上是一條巨大的魚，近乎一・五公尺長、重達六十四磅。她後來形容的一場「荷馬式戰爭」持續了兩個多小時，百齡壇和她的父親在她與這條巨魚搏鬥的過程中不斷跳進跳出他們的小船，這條巨魚最後拖著他們往下游行進了超過一哩。這一尾巨魚仍然是有史以來在不列顛水域，用魚竿釣獲的最大的鮭魚。為了提供參考，我自己在英國釣到最大的鮭魚（同樣是在泰河釣上岸的）僅有十八磅。釣到這條魚已經是夠大的挑戰了，感覺像有個石磨掛在我的釣線上，牠移動得不是特別快，卻猛烈地用頭部撞擊釣線，即使在釣竿和釣線的施壓之下，牠仍然強壯得足以推動自己往上游。大魚上鉤時總是讓人吃驚，因為牠們待在水很深的位置，你很難在一開始就看見牠。在我的吉利為我網住這條魚之後，我試著在釋回之前抓著牠快速拍一張照片留念，但牠太強壯了，直接從我的手中跳開，游回河裡。我對吉利說：「我的手抖個不停。」而我很喜歡吉利的回答：「要是手不抖的話，就有問題了。」

回到一九二〇年代，在百齡壇釣到那尾巨魚的兩年後，另一位女釣手克萊門蒂娜・

莫里森（Clementina Morison）寫下了新紀錄，釣到英國史上用毛鉤釣捕獲的最大的鮭魚，重達六十一磅，人們必須用馬車才能從德弗倫河（River Deveron）的河岸將牠運出來。如果在捕獲當天、水分流失之前秤重，那條魚可能更重。

莫里森的綽號是「小不點」（Tiny），而百齡壇的身高只有五呎。這兩位身材嬌小的女性在兩年內所創下的紀錄，可能永遠不會被打破，原因在於今日鮭魚的數量大幅減少（魚的體型更小、數量也更少）。儘管如此，女性垂釣者有時仍被視為次等人才，我們的能力受到懷疑，成就也被貶低。有句老話說：女人釣到鮭魚的機率比較大，是因為鮭魚會被女人的費洛蒙所吸引。這句話至今還經常被引用，有時甚至連我班上的女學員都會問我這句話是不是真的。

看到自己是相對少數的女性垂釣者之一，更使我下定決心要在這個行業有所成就。我遇到的每一次詫異和懷疑，都激發我熊熊的好勝心，不僅渴望證明我有能力成為一名專業釣手，而且我一定會辦到。我全部都想要：盡我所能地到最多不同的河川與地方釣魚；學習更多東西，去教導和激發他人內心跟我一樣對垂釣的熱愛。我希望更多的人，尤其是女性，能夠體驗到垂釣的力量：在水邊拋出釣線所帶來的令人陶醉的寧靜與刺激交織的感受，以及魚兒咬住毛鉤時那種如登上雲霄的成就感。

「要中魚不容易啊。」

我的朋友喬用沉思的眼神看了河一眼，說出我最不想聽到的話。那是我第一次的釣魚旅行工作，以主辦人的身分——實際上是旅遊籌辦人兼團體領隊，與當地熟悉河流並協助旅客釣魚的專家嚮導們一起合作。我迫切希望這趟旅行能夠成功，但是喬告訴我，近來魚群不太配合，這讓我們更難去欣賞眼前迤邐的驚人美景，但我知道喬和嚮導們都在竭盡所能，讓這次旅程順利成功。我決定要好好利用這次機會，盡可能地學習如何在這條新的河流垂釣。

我們眺望著我生平所見最寬闊的河流——挪威的雷薩河（Reisa），它似乎無限延伸，綠樹成林的群山遮蔽了它巨大的寬度。雷薩河是一部結合峽灣、峽谷和瀑布的壯麗史詩，其中最大的瀑布比尼加拉大瀑布還要高出五倍多，雷薩河在北極地貌中湍流而下，有老鷹、雪鴞、猞猁和狼在其中巡邏。從地面上看來遼闊無際的河，從空中俯瞰時卻縮小為原野中的一道裂縫。人們常將它比喻為用斧頭刀刃在山地高原雕刻出來的自然景觀。

這條巨大的河流，是同樣巨大的鮭魚的家，牠們的重量可超過二十公斤，比一般在英國水域釣到的鮭魚大上好幾倍。但是體型大並沒有讓牠們比較好釣。我的朋友喬和強尼經營的旅館，正是我帶領的釣魚團下榻的地方，他們坦承在過去的幾天中，從這條巨河浮現的大鮭魚並不多。這裡是他們的根據地，沒有人比他們更清楚我們未來一週釣獲鮭魚的機會有多大：他們可以預測這趟旅程的成敗。我深吸一口氣提醒自己，挪威是出了名鮭魚垂釣難度極高的地方，在這裡你可以釣到最大的魚，但不一定能釣到大量的魚。

我告訴自己今天會是個好日子，試著喚醒心中的樂觀主義者；每個垂釣者的心理構造中至少得有一半是樂天派。任何經常釣魚的人，都經歷過希望與悲觀兩端的拉鋸，也會懷著這種心情到水邊。有些日子，你會在一覺醒來時確信河裡一定有很多魚，你會看到網子裡有一條鮭魚；而有些日子，你會覺得一切都很緩慢沉悶，釣線上根本不可能有魚上鉤。

在環視雷薩河的時候，我試著召喚一絲樂觀的情緒，來壓過我第一次當主辦人的緊張。在我的邏輯思維中，我知道如果我們沒有釣到任何一條鮭魚，不一定代表是我的錯。如果說釣鱒魚靠的是百分之八十的技巧和百分之二十的運氣，那麼釣鮭魚的機率則是相反。成熟的鮭魚在海洋中攝取了充足的營養，因此不需要在我們垂釣的河流中覓食。釣鱒魚的那種細膩在這裡完全不存在，無需嘗試模仿昆蟲的孵化和複製其覓食模式，希望藉著提供下一餐的承諾將它引誘上鉤。這時候的鮭魚通常處於休息狀態，經過了長途艱苦的遷徙，躺在深潭中，除了為逆流而上的最後一段旅途做準備之外，沒有動力做任何事。即使幾個世紀以來，人們一直把鮭魚當作垂釣的重大獎勵之一來追尋和研究，但為什麼有時候鮭魚會浮出水面捕捉飛蠅，這個問題仍然沒有答案。更多的時候，鮭魚只是維持不動。

這個事實對領隊來說並不是什麼安慰，如果撈網長時間都空著，所有人的目光都會轉向領隊，他們相信鮭魚的不願上鉤一定有某個技術性的答案，是一道用知識或技巧可以解決的謎題。在我當主辦人的初期，就已經知道「你是專業人士吧？」這句話有好幾種意思：懷疑、帶有暗示性的問題，有時還帶有指責的意味。

每看一眼，河流似乎就變得更大，更令人望而卻步：這麼多的水，即使這般巨大的鮭魚，仍有這麼多的角落可以躲藏。我知道，這種焦慮的唯一解方就是停止思考，開始拋竿。垂釣嚮導已經帶我們的團員坐船到上游去了，所以現在只有我和喬兩人。

我很快就平靜下來，沉浸在用雙手竿進行斯佩拋投的溫柔懷抱中。在釣鮭魚時，我會提醒自己，這種韻律本身就是終點，是一個與你釣入網的魚同樣重要的目標。垂釣者無法強迫鮭魚，但是可以控制自己：手腕、手臂和肩膀的動作，將產生完美的斯佩拋投。

你看著環圈，重複這些動作，讓自己完全融入這項活動的自然節奏中。拋投，等待，往下游走兩步，再拋投一次。正確掌握拋投的時機，讓水流接受你擲出的毛鉤，並帶著它掃過潭區，是我在釣魚時最喜愛的感覺之一。把你的毛鉤甩出去，任由河水把它帶走，垂釣者與河水融為一體，那種感覺令人無比放鬆。重複的動作會引你進入放鬆狀態，不由自主地處於當下，更能覺察到周圍的環境和身體的動作。而通常，當你如此專注於拋投，以至於幾乎忘了自己是來釣魚的時候，那一刻就會到來。

我正使用的黑紅色陽光管影毛鉤（sunray fly）被拉了一下，把我從沉思中拉了出來。鮭魚的拉力感覺不一樣。釣鱒魚的時候，我很興奮，也很緊張，因為我知道當魚一旦咬鉤，我必須馬上做出反應，在牠逃走之前完成作合。今天我因平靜的拋投動作而變得很放鬆，我告訴自己，要讓魚兒去做出反應，給牠時間，要有耐心，在適當時機到來前不要揚竿。如果說拋投是釣鮭魚最技術性的部分，鮭魚的不可預測性是最令人沮喪的部分，那麼這一點——強迫自己等待——就是最艱難的部分。當你只差幾個動作就能釣獲一條野生鮭魚時，保持耐心感覺再痛苦不過了。操之過急就等於冒著失去一切的風險。

等待。

只有幾秒鐘，卻感覺無盡延長，足以讓我有時間去想，毛鉤上丟掉一條鮭魚，會比完全沒有鉤住一條還要糟糕得多。我的肩膀緊繃，催促著熟悉的揚竿動作。然而鮭魚不是鱒魚，牠不太可能闔上嘴巴，用力咬下毛鉤。鉤子已經漂進了牠的嘴裡，但還沒有固定住。

等待。

在感覺到鮭魚終於咬鉤的興奮心情下，很容易急於求成，想像鱒魚捕捉浮游一樣抓住機會。面對釣線上的鮭魚，這種快速反應可能是致命傷。釣鉤還沒鉤住魚口內的堅硬部位——購買點——就揚竿，可能會有讓魚脫鉤的風險。相反地，關鍵是要停頓夠久，讓魚兒開始為你出力。

等待。

來了，鮭魚轉過頭開始拉動捲線器上的釣線時，傳來了第二次的拉扯。

「上帝保佑啊！」

我低聲說出傳統的祈禱詞，那些字會迫使你在行動之前多等一、兩秒，並讓鮭魚從你手中拖出一點點的釣線。這是在咬鉤和作合之間既迫切又誘人的時刻，你要讓魚兒有足夠的時間轉身，讓鉤子穩穩釘入魚嘴並感覺釣線繃緊。最後，隨著釣線成功地緊繃，我終於可以將釣竿揚向天空。我中了一條鮭魚，準備把牠拉上來了。

我原本是準備要迎接一場搏鬥，看著鮭魚在這條廣闊的河上奮力掙扎和跳躍的，但卻驚訝地感覺到牠幾乎是溫順地投降了，沒有在這片寬闊的水域急速奔逃，我也不需要在魚兒甘願上岸之前不停地放線和收線。我的朋友喬用她的魚網幫忙完成這次釣獲，我們倆都低頭欣賞著大河為我們帶來的這尾美麗的魚。

這條鮭魚身上有獨特的紫色和槍鐵色，介於海洋銀色和成熟雌鮭的粉紅色之間，顯示牠最近才回到雷薩河，牠的身體才剛開始轉為粉紅色，還沒完全脫下在海洋保護牠的偽裝。另一個顯著的特徵是鋸齒狀的鰓板，以及一條幾乎沿著側線一路延伸到尾部的長疤。很明顯地，這條鮭魚經歷了一場激烈的戰鬥才回到家鄉，而且是死裡逃生：逃過了某種魚網，大概也逃過了掠食者的銳利目光。牠的身體告訴我們那是一段何等危險而非凡的旅程，遷徙到大海又回來，度過各式各樣的危難。

大西洋鮭魚不朽的魅力之一，就在於牠如何與死亡共舞，以及在其生命的自然過程中要面對多少令人生畏的障礙。然而，由於人類的干擾和環境的改變，原本就對大西洋鮭魚不利的機會，現在變得出乎意外地嚴峻。科學研究正在揭露支持大西洋鮭魚的遺傳學和生態學的交互影響模式，有的進展緩慢，有的速度驚人。我們可以從蘇格蘭心臟地帶記錄到的鮭魚數量嚴重下降看出這一點。在二〇二一年的釣魚季，垂釣者在蘇格蘭捕獲的三萬五千六百九十三條大西洋鮭魚，是自一九五二年以來最低的官方紀錄。幾乎全部這些漁獲——總數的百分之九十五及春季漁獲的百分之九十九——都遵守了釣後釋回的原則。這個總數大約僅是過去五年平均漁獲量的四分之三，與二〇一〇年相比大幅減少，那年在一個異常豐收的季節中，共捕獲了十一萬一千四百尾鮭魚。再往前追溯，魚量減少的趨勢就變得非常明顯。據英國的生態保育組織「失落鮭魚聯盟」（Missing Salmon Alliance）估計，自一九七〇年代以來，從海洋洄游的成熟雌鮭魚（spawne）至少減少了百分之五十四，而一年產卵鮭至少減少了百分之四十。此外，該聯盟認為自一九八〇年代中期以來，在大西洋中活動的鮭魚總數已減少了三到四倍。在挪威，目前洄游的成熟雌鮭魚數量只有四十年前的一半。

這不僅對那些喜愛和推崇「魚中之王」的人來說是個悲劇，對我們所有人來說也是如此。大西洋鮭魚的巡迴特性意味著，牠在遷徙途中會看到自然界的大量景象，並依賴沿途許多的棲息地。大西洋鮭魚一向被稱為「指標型物種」：大自然的初期警報系統之一，顯示牠所經過的生態系統的健康狀況。野生鮭魚仰賴乾淨、水流湍急、含氧量高的淡水來支持其早期的成長與繁殖，也仰賴在海洋中找到足夠的食物，來遵循其驚人的成長曲線並達到性成熟。只有在不用面對相對大量和種類繁多的掠食者（牠們自身已被迫離開牠們的自然環境），或例如水壩和堰塘等人為障礙（它們可能讓已經很艱難的旅程變成不可能的任務）時，鮭魚才能生存下來並返回故鄉繁殖後代。

鮭魚未能繁衍生息顯示我們的河流和海洋已到達一個臨界點：人類正在將這些水域變成以它們為家的生物愈來愈不安穩的棲息地。當這個星球上生命力最強的物種之一正在受苦，就是在提醒我們：我們沒有人能倖免於暖化、愈來愈不友善的地球所帶來的後果。

當我看著喬的撈網中的鮭魚時，不禁想到這條魚要經過多遠的路程才能到達這裡，牠為了回到自己的家鄉河流所忍受的長途游程與重重危險。牠和我同時抵達這個點、在我拋竿的那一刻相遇的機率，肯定是微乎其微的。然而，機會層層疊起：生存的不可能、克服障礙的不可能，以及釣鮭魚本身的運氣。兩段旅程在挪威一處清澈的水域交會，在垂釣所能創造的其中一個奇異而親密的連結時刻，你會停下來思索把你帶到這個點的一切，以及推動你網中那條魚洄游至此的一切。

然而，這些命運不會碰撞在一起太久：鮭魚在網中稍作休息後，就必須回到水中，繼續牠的旅程，回到牠所源自的隱形所在。那條鮭魚的旅程已接近尾聲；相形之下，終於找到自己道路的我，才剛剛踏上一段屬於我的漫長而不確定的旅程。

05
踏入期待中的新生活

「快拋出毛鉤，**快拋出毛鉤。**」我的嚮導科特正大喊著叫我拋竿，而我站在水深及膝的印度洋藍綠色海水中，正掙扎著想把糾纏的釣線解開，沒料到這一刻會來得這麼快。就在片刻之前，我才問過科特哪裡最有可能看到大型的浪人鰺（trevally），這是我來到這裡想釣到的魚。然後，我轉過身就看到牠死氣沉沉的眼睛正盯著我，露出水面一半的軀幹狀似壓扁的衝浪板。牠受到我們靴子踢起的沙子所吸引，從海洋深處游到乳白色的淺灘來。一整天，我們都以為是我們在捕獵大型浪人鰺，但事實上是牠一直在跟蹤我們。我注意到那雙逼視著我的眼睛有多黝黑，鑲在呈重工業色的身體上——更像是水泥灰，而非銀色。

或許只有幾秒鐘的時間，卻足以讓我感到震驚，也足以讓我第一次驚鴻一瞥這尾我想了好幾個星期的魚。這幾秒鐘也長得足以讓機會溜走，這條巨魚用一種與牠體型不符的速度迅速游走，牠扁平的身軀天生就能讓牠以意志力快速穿越過海水。等我準備好釣竿和毛鉤的時候，牠已經遠遠超出了拋投可及的範圍，並很快地消失無蹤。這是我第一次遇到「淺灘流氓」，這種魚擁有百米短跑選手般的強健肌肉。現在我毫不懷疑，我必須有同樣敏捷的身手才能釣到一尾大型浪人鰺。

為了尋找大型浪人鰺，我來到了耶誕島（Kiritimati）——一個遙遠的地方，適合讓人體驗有如置身另一個世界的感覺。耶誕島在夏威夷以南數千公里、紐西蘭東北方的位置，是地球上最與世隔絕的地方之一，由於坐落在國際換日線旁，自然成為世界上第一個迎接每一天來臨的地方。去到耶誕島是一場長途飛行加轉機的馬拉松。好幾個人建議我不要去，他們說如果我一心想要釣到大型浪人鰺的話，可能會是浪費時間。他們還說，島上的魚已經被過度捕撈，而且當地的漁業有「撒餌」（將碎肉餌丟入水中以吸引魚群，這是毛鉤釣者不屑的做法）之嫌。

然而，我已下定決心，而且更讓我受到鼓舞的是，我知道我不會單獨前往。這趟走向未知的重要旅程，也是我生命另一個新發展的踏腳石：我與一個男人的感情關係，而他似乎從一開始就跟我之前交往過的人都不一樣——平靜沉穩、支持我，也是我分享釣魚冒險的完美人選。B是更有經驗的海釣手，我們為了釣鯧魚和大西洋海鰱（tarpon），已經一起去過貝里斯（Belize）兩次。每一次旅行都使我更加確定，這就是我長久以來一直在尋找的關係。

有B在我身邊，讓原本就很令人興奮的體驗變得更加強烈：涉水入海釣魚，成為遼闊海洋的一部分，與水的色調和溫度變化緊密連結，能夠看到和感覺到淺灘在哪裡墜入深海，能夠像掠食者一樣捕獵。即使沒有拋竿釣魚，我也好喜歡觀察這個生態系統龐大而準確無誤的邏輯：小魚有時會「圍」成一團以求保護，有時又會四散尋找掩護；熱帶鳥類會在水上休息，接著突然飛到空中捕食，長長的尾巴拖在身後猶如長矛。

儘管這裡的環境和魚類本身都充滿野性，這卻是一場必須謹慎的追逐。科特曾警告我們要小心，不要驚嚇到這些看起來龐大但很容易被嚇跑的大型浪人鰺，尤其是海浪拍打釣魚船身的聲響。我剛剛才從錯失良機中得到教訓，不聲張的動作必須搭配速度才行，當我對著大型浪人鰺猶豫不決時，牠就突然在一陣狂亂的叫聲和水花四濺中迅速逃走了。在海水中釣魚，機會可能在毫無預警的情況下來臨，也會幾乎同樣快速地消失。你必須每分每秒都做好拋投的準備。我決定不再放鬆警戒。

我必須等待，可能是幾小時或幾天，等待另一個時機。在我期待另一場比試的同時，也有充裕的時間尋覓這片海域的其他居民，我們盡情欣賞成群結隊游動的虱目魚，牠們張開大嘴浮出水面，吞食海藻和小型甲殼類動物，還有「灰色幽靈」北梭魚，牠們銀色的側腹和苔蘚色的背部，與淺灘的混濁水色融為一體。這些幽靈很容易受到驚嚇，因此需要悄悄尾隨其後，尋找淺色的水中露出的深色尾巴，這個線索顯示北梭魚正在搜索與捕捉淺灘中的獵物。捕捉牠們需要快速、準確地將毛鉤投到魚的鼻子前方幾呎處，避免濺起明顯的水花，使魚驚恐地偏離路線急速逃走。如果拋投失誤，毛鉤落在移動快速的魚後面，別想快速收線讓你的毛鉤追上牠。北梭魚反應太快，被追逐的感覺反而會刺激牠全速逃離。

在海域垂釣的幾天裡，我們涉水走過淺灘，或在船上追逐成群的虱目魚，我們已經習慣了海水釣魚的挑戰和刺激。知道必須準確拋投是一回事，但是當風在吹、水在翻湧，以及你所尋找的魚似乎同時被沖向四面八方時，要做到又是另一回事。即使你克服了所有的困難，順利誘魚上鉤，你仍然必須與這些生物的驚人力量搏鬥，牠們是為了在多變環境中生存而進化的魚，實力與追逐牠們的垂釣者相比毫不遜色。某日上午出海，B在搏一條虱目魚時，釣竿被折成了兩半。這只是熱身賽，真正的怪獸——大型浪人鰺，還在更深的水域等待著呢。

大型浪人鰺是一種不同的野獸，需要不同的戰術。科特建議我，最好的機會就是涉水到深水區，然後開始在呈現深藍色的深水區域進行盲投（blind casting）[27]。一次又一次地將毛鉤拋向茫茫大海，小小的誘餌被推向一望無際的蔚藍，感覺幾乎是徒勞無功。由於我不是用目視釣法，所以釣線突然傳來的一股拉扯讓我嚇了一大跳，一陣電流爬上我的手指和手臂，我的大腦這才意識到，這就是第二次機會了。我幾乎同樣快速地意識到，在我魚鉤上的不是一條魚，而是一列貨車。我清楚魚兒要逃脫是什麼樣子，牠們衝

27 編按：指作釣時，在沒有明確看到目標魚的狀況下進行的拋投。

刺、扭動，試圖從垂釣者的魚鉤上脫身。但這尾大型浪人鰺的逃脫卻是我從未經歷過的。突然間，我讀過的所有關於這種魚的警告都變得有道理：牠的每一次拉扯動作，都像是要把釣竿直接從我手中抽走，而牠持續不斷的拉扯，讓我覺得牠可能會把捲線器上的釣線和預備線徹底拉完。這只是第一回合，是魚感覺到被鉤子鉤住後的第一次向外逃竄：這也是最強勁的回合，真正考驗你是否有綁緊毛鉤，以及攜帶了重量足夠的釣竿。嚮導和我的男友對著我喊叫，但是我什麼也聽不見。我的整個世界縮小到只有一件事——追尋一個我能感覺到卻看不到的東西。我只能拚命地緊握釣竿，用指尖之力繼續這場戰鬥。

這場純粹的對抗，就是海釣的寫照。兩股對立的力量進行毫不留情的拔河。大型浪人鰺拉向深海，而我站在最後一段淺灘處，試著穩住我的位置並把牠拖回來。一分鐘過去了，即使我正用盡全身力量站直身子，卻開始產生近乎平靜的感覺。我沒有失去我的釣竿，大型浪人鰺也沒有成功地拉完我的釣線，或在牠游過珊瑚礁時切斷釣線。我意識到我掌控住了局面。由於未能用第一回合爆發的速度和力量順利逃脫，大型浪人鰺接下來的每一次逃跑都會變得短一點、慢一點。牠累了，而我則愈來愈有信心。我能聽見並根據身邊的人喊出的建議行動，我需要重複地將釣竿往上提，然後在放下的同時快速捲線，當魚往右拉時將釣竿往左推，反之亦然，施加壓力以消耗這條「淺灘流氓」逐漸減弱的力量。

此時我比較像是在逗魚、而非搏魚，我知道我已經到了放手的邊緣。最後，牠終於入網，而我也得到了所有涉足這片水域的垂釣者所追求的東西：我雙手握住一條大型浪人鰺，與出沒在海中最可怕的生物之一相遇。牠空洞的大眼凝視著我，同時發出一連串的咕嚕聲：**呃**，**呃**。大型浪人鰺通常不是世界上最美麗的魚類：陰沉的灰色，焦油般的黑眼睛和張開如無底洞的大嘴。不過我手中的這尾倒是很漂亮，背部和鰭的邊緣帶有一點綠。魚身的鱗片非常光滑，我甚至感覺不出來。與此形成對比的是，從中段的下半部分一直到尾部，有一條凸起的、幾乎呈鋸齒狀的邊緣，鋒利得足以割肉——這是牠的「側線」，屬於魚類感官系統的一部分，上面覆蓋著稱為「稜鱗」（scute）的粗糙鱗片。牠在水中休息以恢復強大的力量時，我每一刻都緊緊抓著牠。然後，我從牠口中取出魚鉤，牠就跑了，若無其事地迅速離去，回到深水區的隱身處。

大西洋鮭魚的史詩之旅

鮭魚複雜精細的圓形鱗片，結合成介於盔甲和偽裝系統之間的東西，是解開鮭魚的一大秘密的關鍵：當鮭魚離開河流開始遠洋航程後，牠的遷徙之旅將前往何處。

鮭魚難以預測的行為，阻礙了人們去嘗試詳細描繪牠前往海洋的旅程，但牠的鱗片有助於揭露這個故事。鮭魚的鱗片不會脫落或更換，而是會隨著魚體成長，適應新的環境，並對魚體內發生的變化做出回應。在顯微鏡下，鮭魚鱗片的圖案就像人指紋上密密麻麻的圓圈，含有同樣多的識別資訊：鮭魚的年齡、成長速度，以及牠可能是在幾歲時從原生河流遷徙過來的。鱗片上的「環」相距較遠的位置，就表示該鮭魚在生命的那個階段成長得比較快。

這份資訊使科學家能夠建構出一張鮭魚的生命及遷徙旅程的圖像。在海洋中，一切都是相互連結的——水溫會影響溶解在水中的碳量，以及可供鮭魚覓食的浮游生物種類。因此，鱗片可以告訴我們鮭魚可能游過的水域，以及牠可能吃過的食物。

鮭魚的航程並不一致。從同一條河流出發的鮭魚，每年游行的航程可能會顯著不同，而來自不同源頭的鮭魚，有時會匯聚在相同的特定路線上。一條鮭魚可能會沿著挪威海岸往北走，或選擇往西走兩千多公里前往格陵蘭島。這些選擇會使鮭魚經歷截然不同的水溫、食物選擇和暴露於掠食者的風險。

決定一條鮭魚生存的問題是：牠能夠回到家鄉的河裡產卵嗎？鮭魚的遷徙方向將決定牠是要在海上待一年還是數年、身形會長到多大，以及會遇到惡劣環境的機率有多大。身為一種意志堅定的生物，鮭魚也受到遠超過其控制範圍的力量所控制。

「你們倆怎麼**還在**聊釣魚？」

在音樂的低頻重擊聲中，我們幾乎聽不到這句話，而那位困惑的朋友微笑搖著頭的表情卻說明了一切。我沒興趣跳舞，也幾乎沒有喝酒。我擠在夜店的一個角落，只想跟這個和我聊了幾個小時的男人聊我們都想聊的話題。

這場對話是從傍晚時分開始的，就在一個我們共同朋友的生日派對上。現在已經是晚上，但我不清楚有多晚。其他人都紛紛滑入舞池跳舞了，只有我和B還坐在座位上一直聊天，就像釣魚的人一旦意識到自己碰到了志同道合的人都會做的那樣，你可以跟那個人聊上一整天或一整晚，比較你們垂釣過的河流、那一季你覺得最好用的毛鉤，以及你想要添購的裝備。對於我大多數的朋友來說，幾乎沒有比聽我不斷地談論我錯失的鱒魚，或是我計劃中的下一趟釣魚旅行更無趣的事了。雖然我透過釣魚認識了很多有趣的人，但是能找到一個和我有同樣熱情的人聊天，不用擔心自己太多話，仍會令我感到一種寬慰。

我也知道，我闖入了某個超越共同興趣的共同領域。這場感覺永遠不會結束的對話，其實已經等了一年多才發生。最初是B的表弟介紹我們認識的，他表弟是偶爾會跟我一起釣魚的朋友。「基本上，你就是女版的他。」有一天釣魚之後，他表弟這麼對我說。我們第一次見面是在英國鄉村運動展覽會上，不過等B跟我聯絡約我出去時，我已經有了男朋友。一年過後，我們才終於又在同一個派對上碰面。我們當場打開話匣子，直到凌晨我搭計程車回家才停止。我們對房間裡的其他人視若無睹，不斷發現我們有聊不完的話題。

我們很快就開始約會，這也代表著一起去釣魚：在德文郡（Devon）的里河（Lyd）

和魯河（Lew），以及在漢普郡的泰斯特河度過週末。身為垂釣者，我們感覺就像平等又相反的兩半：他是鱒魚和海釣手，似乎認識泰斯特河的每個特定河段，可以為我指出魚兒藏匿的清澈河水下的凹處及隱藏的低窪處，也可以帶我進入海釣的世界。不過，他從來沒有釣過鮭魚，所以我可以帶他去蘇格蘭，帶他體驗斯佩拋投那種冥想般的喜悅，以及追逐鮭魚的奇特滿足感，因為牠們的動機和行為與鱒魚不同，永遠無法真正加以預測。

B不只是我潛意識裡一直在尋找的釣魚夥伴，他也代表安全感與平靜，這些是我生活中經常感到缺乏的東西。B在北部的老家有個大家庭，在倫敦也有一個大多是一起上大學然後彼此合租房子住的朋友圈，他穩定、根基深厚的生活方式，似乎是我一直難以獲得的。

最近幾段乏善可陳的關係加深了我的不安全感：不像我在紐西蘭所經歷的那麼糟糕，但仍然是一連串奇怪的男人，當我們在一起的時候似乎都表現得難以捉摸，但一旦分手後就開始拚命送我花和禮物。其中一位從來不讓我選擇我們見面的時間，還要求不要在社群媒體上張貼我們的合照（危險信號！）。另一位也是個釣魚同好，竟在我傳簡訊告訴他我參加了一個釣魚比賽時指責我：我怎麼沒有在截止日期前通知他，好讓他也能報名？我似乎從來不用多久就能意識到：不知怎的，我又和錯誤的男人交往了。

B不一樣。他毫不掩飾地表示他想和我交往。這是第一段讓我覺得坦率的關係，在這段關係中，我可以單純地存在，不必痛苦地等待下一個簡訊的到來。我們之間有很多共同點：都在鄉間長大，釣魚和戶外活動在我們生活中都扮演很重要的角色；我們都在倫敦，卻都打算不久後要離開。在他身邊，我可以做我自己。我知道自己對這段感情非常認真，因為我不願意將他的事告訴任何朋友和家人，彷彿分享這個消息可能會使一切幻滅似的。

認識B就像找到那塊終於讓整幅畫開始變得有意義的拼圖。我剛起步的釣魚生涯，已經發展到足以讓我開始考慮如何以此為生的階段：我有一點專業經驗、贊助商的支持，以及在社群媒體上逐漸提升的知名度。而且我內心對離開大城市的需求比以往都要強烈。我和B在城市外度過的每個週末，都一再證實了鄉間對我的淨化作用——清晨第一眼就看到綠野，並知道我這一天大部分的時間都會在水邊度過，就會令我感到精神為之振奮。在交往的第一年左右，我們都在到處跑：在城市裡過著忙碌的社交生活，一有空就逃到鄉下享受寧靜時光。然而，隨著我們的關係變得愈認真，鄉間生活的吸引力也愈大。不久之後，我們便開始討論搬家可能真正會牽涉到的事了。

我在倫敦住得愈久，在辦公室工作的時間愈長，就愈是意識到人潮和噪音如何將我綑綁；汽車引擎聲淹沒了鳥鳴，每天早上的通勤就像是一場苦難，讓我更不情願起床上班。我從來就不是一個喜歡都市的人，如今也清楚知道自己不會成為一個都市人：當那些喜歡倫敦的朋友談起令他們覺得安心的事物——深夜火車的低鳴、從開著的臥室窗戶傳來的幾句酒醉的對話——我才意識到正是這些事物干擾了我渴望的平靜。

當我第一眼看到那間約克郡的房子時，就知道我們找到了家。房子位在一條碎石小路的底端，鄰近一個村莊，但實際上並不在村莊內，四周被田野包圍，而且離B的家人很近。這是我們看屋的第一站，也是唯一需要看的物件。從後花園，我可以看到附近鐵道上偶爾駛過的蒸汽火車——與城市的電車相比，這是一種使人平靜的景象和聲音。一條小路繞過田野，經過黑刺李灌木叢，我在秋天散步時可以採摘這些李子，釀製我們自己的琴酒。開車一小段路就能到達烏爾河（River Ure），我們可以加入那裡的一個垂釣協會（一群集結資源定期租用一個特定河段釣魚權的垂釣者）。

唯一美中不足的就是：我身邊沒有一條狗。這也是令我感覺倫敦的生活愈來愈困難的另一個原因；我租的公寓都不允許養狗，然而對於一個在狗的陪伴下長大的人來說，在街上和公園裡看到除了我以外的每個人似乎都在遛狗，簡直是一種折磨。

最近，一位朋友向我介紹了她去賽普勒斯（Cyprus）度假後帶回來的流浪犬，並讓我帶牠出去釣魚一天。當時天氣很冷，我還記得我用帶來的備用外套把狗包起來，牠那薑黃色的小臉從中探出頭來。牠的眼睛不曾離開過水面。我很快就下定決心要領養一隻屬於自己的流浪犬。

我在網路上搜尋流浪犬，看到了衛斯，也就是後來的瑟橘：來自羅馬尼亞，有著狐狸紅色的毛髮，胸前有白色的紋路，腳掌的毛色像是沾上了顏料，後來我才發現牠是一隻臘腸狗、北京狗、博美犬、西施犬和維茲拉犬的混種犬。我毫不考慮就付了訂金，後來才告訴一臉困惑的B，他總認為如果不是純種的拉布拉多犬，就根本稱不上是一隻狗。

直到我開車去約克郡的時候，才真正見到瑟橘，而我的全部家當都塞在後車箱裡。由於我在倫敦不能養牠，所以安排牠暫時住在諾丁漢郡（Nottinghamshire）的一個寄養家庭，然後在前往約克郡的路上順便把牠接走。瑟橘一見到我就吠叫著打招呼，然後開心地跳上車，占領一個牠日後會很熟悉的位置。我們第一次一起外出釣魚時，牠直接就跳進水裡，然後不得不被我的吉利拖出來，那時我便得知了我們的共通點：迫不及待採取行動的傾向。

有了瑟橘的陪伴，一切都變了：我搬了家，與我的伴侶同居，並開啟了新的職業生涯。某種意義來說，這是衝動和冒險的。與B交往短短兩年之後，我就拋下了我的朋友，展開一份沒有實際商業計畫的工作，相關的證照資格極少，垂釣導遊和教練兩方面的經驗非常有限；而這正是我現在希望藉以謀生的工作。多年前，我也是懷著同樣的焦急、衝動、決心和信心，在斯佩河畔拿起了釣竿，在無人協助的情況下開始拋投，就是因為我無法忍受再多等待一分鐘。

不過，我對此感到無比開心。在我面前有這麼多我想要的東西，這種純粹的喜悅壓過了所有的不安。我感受到的不僅僅是對新事物的興奮和期待，還有更深層的東西，就像是在彈奏一首熟悉老歌的第一個和弦。我毫不懷疑自己正在做正確的事。

06
成為拋投教練

我們在約克郡的花園很小，只有一個石砌的露台，以及沿著台階往下延伸到鐵軌前面的一片草地，但是對我來說已經夠大了。我們沒有做什麼園藝，也不在那裡種花。我們在那裡生活的第一個冬天，每天早上我都會到花園裡拿起釣竿；那裡的空間大小剛好足以讓我完成過頭拋的前後動作。

這不是因為我渴望下一個釣魚季的到來，也不是希望熟練的拋竿節奏能帶我度過嚴寒的冬天。我有一個截止日期：我知道這個日子將在很大程度上決定我萌芽中的釣魚生涯的成敗。年初搬家北上之後，我們還在拆箱行李時，我做的第一件事就是將我的拋投教練考試安排在三月底。

我的一位釣魚導師塞卡爾．巴哈杜耳（Sekhar Bahadur）一年前曾對我說：「如果妳認真想成為一名教練，就必須參加考試。」我逐漸明白他是對的。我已經到了一個懂得夠多、以至於知道自己不懂的還有多少的階段，這是初學者永遠無法知道的。在此之前我就是一名毛鉤釣手，具有足夠的能力讓我的釣線在水面上誘魚和起魚上岸。但現在我需要成為一名拋投能手，可以完全控制毛鉤及釣線，能夠根據水流的急或緩、風力的強或弱、魚兒的浮上或靜止，不假思索地就知道該怎樣轉動釣竿、拉扯釣線或甩動手腕。

實現的方法只有一個：國際毛鉤協會（Fly Fishers International）的拋投教練認證考試。

該考試由二十二個連續考題組成，要求應試者演示不同風格、速度和距離的拋投，以及如何達成上述拋投的完美技巧，然後證明你能夠教授新手這些技巧。只要有兩個考題沒有通過——可能是這題錯過一個目標，或那題投得太遠——就會馬上被判定沒有通過考試。讀完課程大綱就足以確定，這將是我至今做過最困難的事情：兩小時內，我的毛鉤釣線將變成一條鋼索，而我隨時都有可能從上面失足墜落。

我決定在幾個月內通過這場考試。到了春天，釣魚季節就會開始，我想要做好準備，利用這個拋投教練證照資格來開始我的全職釣魚生涯。我盡可能地逼自己加快腳步，但另一位導師克里斯・海格（Chris Hague）卻溫柔地警告我，除非他有信心我可以通過，否則他不會讓我前去參加考試。「妳在考試當天永遠不會處於最佳狀態，」他說。「或者會遇到下雨和強風。所以妳必須以百分之一百一十的狀態進去考場。」

唯一的解答就是每天早上帶著我的釣竿和捲尺到外面去。草地上放著三個目標，接著開始練習的例行公事：向二十呎處拋投，毛鉤掉進第一個呼啦圈內。然後做幾次假拋投（false cast）[28]，用前後來回的動作讓毛鉤再次飛起，同時自手中放出更多釣線，眼前沒有任何標記可以引導我，只有透過重複練習所獲得的知識，知道**這樣的**量夠讓我在第二次拋投時達到三十呎，並在第三次拋投時達到四十五呎。然後一次又一次地練習三個

---

28 譯註：需要吹乾毛鉤、改變方向、測量距離或調整準確度時，週期性地將釣線保持在空中來回的動作。

目標，把毛鉤拋進每一個目標圈內，直到拋竿的動作和釋放更多釣線的節奏成為我不可能做錯的事。直到我確定在做所有動作時，不會讓釣線在空中形成的環圈，上下超過規定的四呎寬限制，或者在我加快拋投速度時，我的釣線在前後方不會偏離一條直線的軌跡，或是在拋投之間不會讓毛鉤接觸到地面——練習時我們就是假想**地面是水面**。只有從花園邊界外按照時刻表飛馳而過的蒸氣火車震動聲響，提醒我時間的流逝。

練習遠拋考題告一段落之後，我轉而練習滾拋（roll cast），這是斯佩釣法的基礎，需要確保我的D環圈不會超出我的身後太多。我透過自學，學會了操控釣線在水面上呈現出不同形狀所需的技巧，適度讓釣線呈現出一定的鬆弛度，以限制水流推動釣線進而牽動毛鉤的影響（避免毛鉤不自然地快速移動）。這涉及一種叫擺動竿先（wiggle mend）的控線技巧：在拋出毛鉤後、毛鉤落水前搖動手腕，讓釣線在空中呈現連續的S形後落在水面上。我練習了不同大小、長短的擺動竿先，反覆檢查自己有沒有犯下任何不合格的技術錯誤。我和克里斯每兩個星期會碰面一次，接受他的指導，我會到當地的足球場，在那裡我們會利用邊線來確保我的前拋和後拋是在完美的一百八十度延伸線上——這是拋投的五大基本要素的第一項。回到家後，我則對著在鄰近田野吃草的馬匹講述我努力學習的內容，那是我能找到的最近似學生的對象。

例行練習變得單調，因為單調正是重點：不斷重複地操練自己，直到對於需要多少釣線，或某個距離需要用多少力氣，都能毫無疑問、毫不猶豫地執行。我早上會在肩膀感到僵硬的狀況下醒來，然後開始拋投，而且經常是在冷得幾乎感覺不到手指的日子裡。二月的一個早晨，我走到外面，發現釣竿躺在平常放置的露台上，但上面覆蓋著白雪。

我堅持不懈，是因為我覺得這是我這輩子做過最重要的事，也是因為我發現這樣的練習是有用的。在此之前，B一直是比較有經驗和能力較強的垂釣者，他偶爾會出來看我練習，並自己下來試一試，有時會發現他的距離和準確度都比不上我。「她現在可比我厲害多了。」當我們和朋友見面時，他會開玩笑地說道。

那個冬天似乎永遠都不會結束，當我一次又一次地練習那些考題時，我的世界縮小成了幾小塊結冰的草地。到了三月下旬，克里斯和我一致認為我準備好了。但即使我的技巧有所進步，必要的動作已成為肌肉記憶，考試仍像一道令人望而生畏的障礙。我通常是個有自信的人，卻對在公開場合表演感到很困難。我討厭知道人們會在現場觀看和評判。我沒有在思考自己該說什麼、做什麼，反而一直想著自己會做錯什麼：我愈來愈害怕，也許當初不嘗試還比較好。我曾經在學校製作的《火爆浪子》（*Grease*）舞台劇中扮演恰恰（Cha-Cha）一角。當時我穿著黑色花紋繞頸露背洋裝站在舞台的一側，突然被一股強烈的舞台恐懼感淹沒，以致我幾乎是被人推上場的。即使今天，當我要花大量時間在攝影機或觀眾面前時，我都必須做好周全準備，提醒自己我知道我在做什麼。

我對拋投教練的考試感到愈來愈焦慮和緊張。在考試前幾天，我到史特拉福鎮的祖父母家住。我坐在他們舒適的起居室的火爐旁，爺爺從櫃子裡取出了一瓶自製的黑刺李琴酒。

「這是我的靈丹妙藥，」他眨了一眼說道。「它會消除妳的緊張情緒。」

我給自己倒了一杯，喝了一口。琴酒又甜又酸，有一點燒喉。

我深吸了一口氣，告訴爺爺我真希望不用去考試，但也知道這是我無法逃避的事。如果這次考試失敗，我努力了將近四年的釣魚生涯，將會停滯在起跑線上。我說，第一次就通過考試是很重要的。雖然可以重考，但是我無法面對再經歷一次斯巴達式的冬季訓練；而且在即將來臨的夏季，我也真的無法承擔時間或收入上的損失。

我告訴他，我有多麼渴望成功，渴望證明我可以辦到，還有我屬於這個行業。我覺得不成功便成仁。他耐心地聽著，偶爾點點頭，說幾句鼓勵的話。一杯酒變成兩杯，再變成三杯，不知怎的，當我起身去睡覺時，爺爺和我在上樓回臥室的路上一直咯咯地笑。

我離開的時候感覺更輕鬆，也更有信心。我知道我已經盡最大努力做好準備。我知道我擁有家人的支持，而這就是我所需要的一切。

當天，我們先在教室裡進行了兩個小時的理論筆試。之後我們到外面，真正的挑戰——術科考試——這時才開始：我執行著這些熟悉得不能再熟悉的考題，但這次是在三位考官面前。這是一個走走停停的考試過程，每完成一項考題之後，三位考官都會在自己的寫字夾板上做筆記，並互相討論。當你已經有兩個考題沒有通過，他們就會做出那個可怕的輕拍你肩膀的動作，意思是沒有必要再繼續進行了。我花了好幾個月仔細排練每一個考題，卻沒有辦法讓自己準備好面對他人的觀察、中間的等待，以及覺得考官們每一次的討論似乎都比上一次更久時的那種恐懼感。不管怎樣，否定的手勢沒有出現，於是我進行後續的考題，包括做完寬圈（wide loops）[29]和追尾圈（tailing loops）[30]、快拋和慢拋、長距和短距拋投。進行教學題時，其中一位考官充當我的學生，於是我告訴自己我回到了家中的花園，正在和那些馬兒說話。

然後考試就結束了，而我只能眼睜睜地看著這三個掌握著我的未來的人進行最後的討論。我多年的生活和數個月專心致志的訓練，全部縮小成眼前的這一刻，而我只能望著躺在草地上的釣竿並默默祈望，什麼也做不了。我能聽到低聲說話聲，但聽不清楚他

---

29 編按：指拋投時由釣線形成的履帶型環圈（loop）上下兩端的相對距離較寬。

30 編按：指拋投時釣線形成的履帶型環圈，其上端與下端產生兩個交錯點。這在拋投中是個錯誤的拋投，而這個考題是要求考生示範出這種錯誤的拋投，並且說明如何修正這種錯誤。

們在說什麼。我也沒有和另一位進入這個階段的考生有眼神交會。終於，三位考官的其中一位開始朝我走來，他漫步的模樣好似此刻無關緊要一般。

「妳及格了。」

他微笑著，期待也能引來一個微笑。但是當我明白這句話的意思時，我發現自己開始啜泣，雙手撐著膝蓋，幾乎無法站立。一整天累積的所有緊張情緒，我壓抑在心中對自己能否成功的所有懷疑，以及我為了改變自己的人生而傾注的所有希望，全部從我心底湧出。我抬起頭，看到三張關心的臉望著我，他們把夾板抱在胸前，顯然不知道接下來該說什麼或做什麼。我收拾好情緒，向他們道了謝，然後走向在等我的B，他一直在遠處觀看著這一切。他開車載我們回家，穿過淡淡的春日陽光。我們的新生活即將展開。

「我們從這裡開始吧。」

這是一天的開始，也是特定河段的第一個潭區。我凝視著烏爾河，清晨的寒意似乎增添了一絲期待的氣息，這是一條約克郡的典型河流，蜿蜒七十幾哩，流經溫斯利代爾谷地（Wensleydale），沿著艾斯加斯瀑布（Aysgarth）而下，四周環繞著石灰岩草原，這些草原為當地著名的起司增添了風味。

做為一名剛出道的拋投教練，我正在指導一位獨自前來的客戶。在進行這個釣魚季我最初的幾份工作之一時，我努力讓人對我的印象是我已經入行很多年、而非短短幾個月。我自信滿滿地踏入深及小腿的水裡，擺出一副我已經找到開始垂釣的正確地點的樣子。只不過水位比平常高，我的腳並沒有踩到地。我的身體突然往前傾，雙臂失去控制甩向身後，臉朝下一頭栽進了水裡。對一個專業的垂釣嚮導來說，這場面可真是不像話。當我從水裡站起來，告訴關心我的客戶：不，我很好，謝謝，我不需要換衣服，其實我已經感覺到我涉水外套裡的衣服全溼了。接下來一整天，我一直努力不讓自己在春天寒冷的空氣中發抖。

又有一次，全身浸溼的不是我，而是客戶。坦菲爾德湖（Tanfield Lake）風景如畫，坐落在約克郡山谷（Yorkshire Dales）上方角落，烏爾河緊鄰流過，當時我正在給一位客戶上她的生平第一堂個人釣魚課。我們涉水進入湖中，正要開始拋竿時，我才發現自己把某樣東西忘在岸上了。我指著湖水中央的一個小島說：「朝著那裡，我馬上回來。」一分鐘後我返回，看見她正涉水往小島走去。她陷得很深，幾乎是在游泳了。我給的指示不夠清楚，特別是對於一個新手來說，她以為我的意思是要她過去那座島，而不是朝著它拋投。

還好，她是笑著脫下溼衣服更衣的。

我們不知道的是，有一名垂釣者碰巧從山脊上走過來，撞見我的客戶只穿著內衣褲的模樣。他的臉立刻刷地變白，走過我們身邊時低聲說了一句：「我通常不會在釣魚時看到這種事。」從那時起，我和這名客戶就變成了朋友。

隨著我過完身為教練的第一個釣魚季，更多的提醒也接踵而來。我必須學習如何教人釣魚，更重要的是，我必須去了解所謂好教練真正的意義。一開始，我太急於取悅學生，想要確保每個人都能心滿意足地回家，並且至少有釣上一條魚可供談論和拍照。我會縮短教授拋竿基礎的時間，以確保我的新手客戶可以直接跳到好玩的部分。現在，我從多年的經驗當中汲取智慧，體認到教會一個女人釣魚，遠比幫助她釣到一條魚更有價值。我有信心堅持在草地上完成拋投練習，並且以更嚴謹的教學方式，告訴大家如何正確地站立、握竿和移動竿子，糾正關於時機和力道運用上的基本錯誤。

當時我比較猶豫不定，擔心課程不會很有趣，而且還在學習拿捏教學上的細微差異：男性或女性客戶（女性通常比較專心聆聽講解，男性則比較專注於盡可能拋得又遠又快），純粹的新手或過去有垂釣經驗的人。當我匆忙地度過當教練和嚮導的第一個釣魚季時，這些類型的學生我都遇到了，還有更多類型。我盡可能做得更多，為了工作幾乎願意去到任何地方。朋友和家人把我介紹給那些想增進技巧、或者只是想享受在水上垂釣一天的人，我也依賴一個又一個客戶的口碑推薦。

我在我們新家當地的湖區做了一些工作，在全國各地舉辦了女士、兒童和初學者的垂釣日，並利用我早年的經驗舉辦到蘇格蘭的釣魚旅行。就像我在那個冬天的幾個月裡把自己關在家裡準備拋投教練考試一樣，我現在也持續不懈地上路，覺得自己無法拒絕任何工作邀約，逼著自己日復一日地長途開車、早出晚歸。

在我身邊的是瑟橘，牠已經習慣了我的陪伴，現在拒絕放棄這種陪伴。當我收拾行李準備出門時，牠會躺在行李箱旁邊；當我把所有東西放進車子裡時，牠會從開著的車門溜上車，以免我忘了牠。在那些長途旅行中，我經常把車停在服務區，在開車回家之前先小睡一會兒，當我把椅背往後放倒時，牠會跳到我的胸口，然後一直待在同一個位置直到我醒來。

水邊是瑟橘最能展現自我的地方。我沒遇過像牠那樣喜愛垂釣運動的人或動物。由於來自羅馬尼亞的犬舍，牠似乎很沉醉在鄉間戶外的每一秒，盡情享受周圍帶來的豐富感官刺激。從我第一次帶瑟橘到河邊，牠馬上就跳入水中的那一刻起，牠對所有垂釣的事都很著迷。牠會像任何垂釣者一樣專心地看著水面，當有魚著鉤的時候，牠會悄悄地走到水的邊緣，然後在魚準備好被釣上岸的時候用吠叫聲發出指令。如果瑟橘無法獲得良好的視野，牠就會創造一個。有時牠會知道有人手上抓著魚，但牠看不到，例如當我或我的客戶趴在地上，手伸進水裡準備釣後釋回時，或是蹲在河裡，位置低於陡峭的河岸時。一聲撞擊聲和吠叫會告訴你瑟橘已經到了，牠會跳上你的背，探過你的肩膀窺視，急切地想看一眼鱒魚或鮭魚消失在視線範圍前的最後甩尾動作。有時牠會游到河岸另一邊，坐下歪著頭看著我，好像在說：你什麼時候要來接我？

在那段事業剛起步的日子，我需要瑟橘的支持。當時我在全國各地奔波所累積的開車里程數，比賺取讓這份新事業可行的收入還要容易。由於急著接工作，而且知道我必須打響名號，因此我經常接下那些只能勉強支付開銷的工作。在媒體工作、廠商贊助和指導客戶之間，我賺的錢差不多只夠支付我自己那一半的生活費，但比我在倫敦辦公室工作時的收入少，距離讓這份職業感覺可以持續的程度也很遙遠。

「妳不能總是做免費的。」我媽媽會這樣說，而在我的挫折感平息之後，我才理解她話中的真理。事實證明，釣魚生涯是我所期望的一切：我有機會旅行、在水邊度過每一天，並且從看見他人因為我的協助第一次釣魚上岸中感到喜悅。我喜歡教學的挑戰，調整我的教學方法以適應每個學生的需求；有的人希望有大量的資訊和實際的指導，有的人只需要一些簡明的指示和充分的實驗空間；就像魚本身一樣，每個學生都是獨特的謎題。儘管如此，我知道我還沒有破解密碼，知道如何把我喜愛的事情變成可以賴以為生的職業。我慢慢理解到這個事實：為什麼釣魚界的人喜歡說做這行永遠不會成為百萬富翁。我們都是因為熱愛和興奮感而去做這件事，但要賺錢卻不是那麼容易。

有時，在一天的嚮導工作結束，開車回家的漫長旅途中，伴著瑟橘在旁邊座位上輕輕的鼾聲，這些想法會在我腦海翻騰。不過當我回到水邊，或當我感覺取得下一次突破時，這些想法就會被擱置一旁，例如一個新客戶可能會介紹給我更多客戶，或是提供一個提升我在業界知名度的機會。

或者是去旅行的時候，我也會暫時放下這些念頭。在這段時期，我曾前往阿拉斯加、瑞典和冰島等地旅行。我可以帶媽媽到大西洋鮭魚數量最多的地方之一——冰島著名的寬闊河流，在人煙稀少和岩石圍繞的環境中垂釣。這是一個珍貴的機會，讓我們回想起蘇格蘭的假期，那曾是我們母女關係很重要的部分。不過現在我們的角色對調了。媽媽愈來愈專注於釣魚上岸，而我則愈來愈成了引導者和協助者。我很高興能夠帶領和協助媽媽釣魚，就像她長久以來為我所做的一樣。我們的關係隨著時間流逝而有了變化，可是垂釣始終是其中的金線：我們之間的重要連結，也連接著過去與現在。

大西洋鮭魚的史詩之旅

成熟的鮭魚會在海上停留多久才開始返鄉的旅程，這個疑問仍是鮭魚生命的另一大謎團。沒有一致的模式：有些會在一個冬天後返回，有些則可能持續覓食和成長長達五年之久，才嘗試返鄉。無論是否是有意識的，這個決定都是典型的進化權衡（evolutionary trade-off）。在海洋中停留較久是有好處的，鮭魚可以成長至明顯較龐大的體型（在海中生活三個冬天後可長到二十公斤重，比某些一年產卵鮭大十倍甚至二十倍）。在海中每度過一年，都能讓鮭魚體型增加一倍。然而，鮭魚在海洋生活的時間愈長，暴露在危險之下的機率就愈大，因為必須在致命掠食者的環伺之下游泳和覓食。從進化的角度來看，在海洋中待更久的獎賞也許極為重要，但追求它也可能要付出全部的代價。

對於母（雌）鮭魚來說，這種兩難的困境尤其嚴峻，因為母鮭魚在海洋停留的時間通常較長，需要更多時間來覓食並支持生殖系統的發育，而母鮭魚為了生育任務所投入的能量，大約是公鮭魚的六倍以上。當母鮭準備好自己的身體以進行產卵時，牠又要面對另一個只有數百年的進化才能讓牠準備好進行的內建複雜計算。母鮭長得愈大，產下的魚卵也愈大——這對於後代的生存是個好徵兆，牠們出生時的體型也會更大，更有能力爭奪資源和抵擋掠食者。體型上的優勢也將幫助母鮭在原生河流中爭取和捍衛主要的產卵場，那裡的水流最快，含氧量也最高。不過，體型較大的母鮭魚產卵的速度也較慢；因此，為了成長和未來的繁殖力投資更多時間待在海洋的回報會減少。到了某個時間點，鮭魚會本能地做出決定：已經花了足夠的時間待在危機四伏的海洋，再花更多時間只會為微不足道的好處徒增死亡的高風險。

我們不知道究竟是什麼生理和環境的綜合因素迫使母鮭魚開始返鄉的旅程，回到牠出生的河流，並希望自己產卵繁衍。無論如何，這是另一個鮭魚在旅程中必須做出精確判斷的例子，這段旅程中，求生本能不斷與完成遷徙的驅力互相抗衡，而遷徙正是鮭魚一生的目標。

我知道，搬到約克郡以後，我和B生活中的一切幾乎都會改變。但是有一件事我一直期望能保持不變，那就是我們的關係。在搬進我們家之前的兩年裡，我們幾乎形影不離，即使分開住，我們也是所有的時間都在一起，一有空就逃離城市去釣魚，而且馬上融入彼此的社交生活。

遷居北上是我們都想要的。然而，當我們真的生活在這個共同的夢想中，而不再是一起努力去達成它的時候，我們似乎都沒有感到全然的快樂。我知道追逐夢想，本質上就代表我會經常不在家，可是當我提議一些我們可以一起做的事情時，他卻愈來愈常拒絕。這意味著更多的時候，我是純粹為了自己的休閒而去倫敦探望朋友、攀岩和釣魚。

然後，當我們真的一起出門時，他的態度會突然改變，不想讓我離開他的視線。我忙著跟我們的朋友聊天時，他會手裡拿著一杯酒出現在我身旁。有時，他一整天都不想知道我去哪裡，到了晚上，他又會變成像是我的影子。

不過，這些都只是靜止表面上的漣漪，不足以激起真正的猜疑，因為我們已經展開計劃了兩年的共同生活，而且更早之前我就開始思考了。父母分居時在我腦海中描繪的明信片畫面——我會有幸福的婚姻與自己的家庭，一棟美麗的鄉間房子，我們會相親相愛，一切都會很完美——如今似乎伸手可得。我可以想像得到我尚未擁有的部分：我們將會有孩子，我會帶他們到湖邊，就像我母親當年帶著我一樣；當他們第一次感受到魚兒在手中扭動時臉上的表情；當他們知道水不僅是溼的、而且是活的時，心中冒出的喜悅和驚奇。

生兒育女一直是我重要的想望。我曾夢想在二十五歲之前擁有我的第一個孩子，也就是我現在的年紀。所以當我們在約克郡生活了六個月、B向我求婚時，我毫不猶豫地就答應了。婚姻一直都是自然而然的下一步：我們倆都想結婚，兩家人也預期如此，沒有人會質疑這個必然性。

籌備婚禮的過程就沒那麼順利了，儘管我天生很有主見，可是很快地我就發現自己逐漸消失在焦點之外。我想要的是小型、溫馨的鄉村婚禮，而不是白色婚禮。然而，當我們圍坐在廚房的餐桌前，我的家人和他的家人，我們的賓客名單和他們的賓客名單，事情很快就變得很清楚——我無法抵抗其他人的計畫。當時我急於取悅別人，也不願意冒險得罪別人，於是就任由自己被帶著走。

我沒有沉浸在這一刻，反而感到壓力重重：我被菜單選擇、顏色搭配、餐桌布置和演出節目單所困擾。我發現，在我對結婚和建立自己家庭的所有想像中，我從不曾真正幻想過結婚典禮、要穿什麼婚紗，或跳第一支舞時要播放什麼音樂。

相反地，我躲到垂釣中。在這裡，我永遠有很多計畫：下一場冒險、下一個客戶、下一場贊助演出或媒體曝光機會。在這裡，我覺得自己在不斷進步，而且能夠掌控一切。當我開車去工作，或者在漫長的一天結束時停車在路邊小憩，心中的疑慮湧上心頭時，我告訴自己這是自然的：經常感覺到的不安，其實是一直奔波於家庭生活和工作所產生的壓力症狀，而兩者似乎永遠不會停止運轉。

我必須不停用這種方式來安撫自己，因為當時一些幾乎沒有注意到的零星意見，現在又開始回到我的腦海中。多年前，在B出現之前，一位好友的母親曾給過我建議。「如果妳對是否應該嫁給某人有任何保留，要相信它們。」最近在我訂婚後，我的父親把我拉到一邊。「我為妳感到非常高興。但如果有任何時候妳覺得事情不對勁，記住妳不必勉強自己去完成它。」

在日後的艱難時期，我常常想起這些話，不懂自己當時為何沒有更認真地看待這些建議。我會回想起婚禮前幾個月一次與好友的談話，當時我終於說出了自己的疑慮，提到也許她母親警告我的事情正發生在我身上。我記得她那同情的微笑，意思是：她能理解，但現在說這個是不是有點晚了，而且我真的想因為膽怯而搞砸一切嗎？

到最後，無論過去還是現在，我都是一個喜歡去執行而非懷疑的人。我再次告訴自己，這就是我想要的；提醒自己，B是我愛的男人。

婚禮當天，我們在釣竿隊的護送下離開教堂，前往湖邊的婚宴場所；這裡是我小時候第一次學習釣魚的地方，此時任何閃現的疑慮都被這個場合的意義和喜悅所熄滅。我在靠近我認為是家的地方，嫁給我認為是最好朋友的男人，實現著我人生最深切的抱負之一。

幾乎從我們第一次坐在一起的那晚開始，我就一直在想像這一刻。那時我們不停聊著釣魚，如此沉浸於了解彼此當中，以至於忽略了周圍的一切。我們的關係就是從這個核心開始的：B是鱒魚釣手，而我是鮭魚釣手，有各自的熱情和共同的連結。我一直以為，我們的關係和我們的事業這兩個半圓，會纏繞成一個牢不可破的結，彼此都會因為對方的存在而更堅強。我不曾想過，這兩個部分事實上可能會開始互相拉扯。我也完全沒有任何心理準備，不曉得兩者會如此迅速地崩解。

07

創辦釣魚學校

面對事業與婚姻的拉扯

當我抱著這尾大西洋海鰱，感覺到牠分叉的尾巴在我的手中顫動，浸在墨西哥溫暖的海水中，一般滿足感湧上心頭。這是兩項追尋的結晶：一是追尋「銀色王者」，一種重量可超過一百公斤的巨魚；二是尋找能與我分享這種時刻的人。

當B和我告訴別人，我們要去釣魚度蜜月時，大多數人的反應都是翻白眼或哈哈大笑。他們問：早出晚歸，滿身大汗地待在船上，不是單獨陪伴彼此，而是由嚮導陪著，有什麼浪漫可言？我們難道真的想每天晚上天黑之後，全身溼透、滿身魚腥味地回到海邊的度假小屋嗎？

然而，我們倆都沒有認真考慮過要做別的活動。垂釣是我們關係的起點，很大程度上，垂釣一直**就是**我們的關係：接連不斷的週末出遊和出國旅行，成為一起釣魚的伴侶，總是催促著彼此前往下一個目的地，追求下一次的釣獲。

在這一次最重要的旅行中，我們要尋找一種特殊的魚：大西洋海鰱，牠既是雜技表演者又是戰士，一旦著鉤之後就會高高地躍出水面，試圖掙脫毛鉤。「銀色王者」的優雅和運動能力，使牠成為許多著名垂釣者的最愛，包括幾位美國總統（從一九三七年被拍到捕獲七十七磅重的大西洋海鰱的羅斯福總統，到八十多歲在佛羅里達島鏈〔Florida Keys〕捕獲幾乎兩倍大的大西洋海鰱的老布希總統）。現在B和我要在追求相同的目標中展開我們的婚姻。

在霍爾博克斯島（Isla Holbox）上，紅鶴在海灘上排排站，淺灘的淺綠色海水在樹叢間劃出平緩的水道。蜘蛛網般樹根上的紅樹林彷彿在努力尋找更好的視野，而追逐大西洋海鰱感覺幾乎是令人平靜的。海水清澈得足以看見魚群，吹來的風猶如短暫而溫柔的呼吸。當我們的船緩緩飄過水面時，我幾乎開始覺得這終究還是個浪漫的假期。

我們一直在觀察水面並等待：一個不只在水中游動、而且在水面上**翻騰**的銀色身影。大西洋海鰱以韻律體操般的姿態浮出水面，同時快速換氣來為牠的浮囊充飽氣。這就是拋竿出手的好時機，將清晨悶熱靜止的氣氛轉變成狂熱。我可以聽到我們的嚮導亞歷杭卓在喊叫；他是一位大西洋海鰱的傳奇釣手，人稱「沙蚤先生」（Mr Sandflea）。隨著大西洋海鰱的著鉤和扭動，迄今平靜的水面開始翻騰。接下來就是我們來此觀賞的景象，為此我們捨棄了蜜月套房和情侶按摩的享受。大西洋海鰱躍出水面，抖動的魚身在水面上劃出一道彩虹。我的新婚丈夫就在身旁，釣線的拉力全開，海洋中最了不起的魚在我眼前的空中劃出一道弧線的景象，我知道這將永遠是我閉上眼睛就能清楚回想的時刻。當我把大西洋海鰱釣上岸時，我只是凝視著牠；光線從魚鰓上的菱形圖案中反射出來，那白金般的光芒保護牠避開掠食者。即使和B發生了一點小爭執——他在我抱著魚蹲下的時候笨手笨腳地拍照——也無法消滅我心中的喜悅。我深信，未來只有美好的事物在等著我們。

每場婚禮都象徵著一個開始和結束。對我和B來說，這是我們生命中一段時間的結束，那段時間似乎一切都同時在轉變。在很短的時間裡，接二連三發生了許多事。搬到約克郡之後，我就開始如修道士般地專心準備拋投教練考試，接著我們訂婚、籌備婚禮，同時兩個人都在嘗試開展新的自由工作者職涯——我在釣魚界，他在戶外運動界。那時我們有太多的計畫和事情要做，卻很少有時間去交談和思考，去了解自己正在成為什麼樣的人，我們倆都年近三十，正開始在釐清自己真正想過的生活。

現在我們結了婚，搬到約克郡已過了十八個月，兩人也都在自己的新職涯上安頓下來。只有在改變的腳步慢下來後，我才開始意識到自己躲藏在忙碌的背後多久了。在此之前，每當B陷入他那種疏離的情緒，或者當我感覺自己躲避到工作中時，我都可以合理化地解釋為：我們的壓力都很大，有太多事情要忙，一切終會步入軌道的。

現在生活各方面都已安頓下來，我們再也無法逃避這段關係已漂向何方的現實。不知何故，一開始讓我們走到一起的垂釣，似乎變成了衝突的徵兆和根源，也愈來愈難把這些衝突歸咎為磨合的問題。每當有令人興奮的旅行機會——例如到冰島尋找鮭魚，或是到加勒比海海釣——出現時，B都是我第一個想分享的人。對於新釣點的挑戰，我想請教他的釣魚專業意見，然後投入在裝備和戰術的細節裡。我希望最好是他跟我一起去、當我的夥伴，就像一開始那樣以釣魚為核心來延續我們的關係。我原本以為他也希望這樣。可是現在，我向他提出的每一個邀請都會被拒絕。他只想待在家裡。在我的心中，我們在約克郡同住的房子，是我們一起探索世界的基地。但我很快發現，在他的心中，這個基地就是他所需要的一切。突然間，安頓下來似乎是剪斷了我們的翅膀。感覺就像他在關上我們關係中具冒險精神的那一扇門，而我卻在試圖推開那扇門。愈來愈多時候，我不得不獨自去做我一直以為我們會一起去做的事。B似乎不只是退出旅行和釣魚；每當我想去倫敦探望朋友，或者我們受邀參加聚會時，都很難讓他陪我去。有時候他會直接拒絕，有幾次他則是在最後一分鐘才取消，我只好一個人前往。

我知道遷居到約克郡改變了我們的關係，而我們都沒有明確地正視或適應這個改變。我從一份穩定的辦公室工作，轉換到長時間不定時的工作模式；我也將所有的閒暇時間和精力，投入到自己的釣魚事業中。我知道B需要我多關心他，而我也想給他更多關注；有些日子我會覺得很內疚，因為我又花了一整個晚上工作，把注意力都放在我的筆電、而非我的丈夫身上。但是我也期望他能多體諒我一些——我正處於事業的成敗關頭，而且我的處境更孤立無援，移居到一個他有家人和朋友、而我卻完全沒有的地方。我迫切渴望縮小我們之間似乎愈來愈大的距離。不過，我也在對抗——對抗就是有太多事情要做的現實，也許更多的是對抗我在困難情況下傾向封閉自己、選擇遠離痛苦而非嘗試去理解痛苦的本能。

我也很氣惱，當我試著跟他談工作、分享成功和思考失敗時，他似乎有一種矛盾的心態。有一天，我受邀協助幾位當地名人舉辦釣魚出遊活動。這感覺像是朝正確方向邁進的一步，另一個顯示我可以將熱情轉化為可持續的生活方式的跡象。但更重要的是，那就是個令人興奮的機會。到家時，我迫不及待地想告訴B我和誰見了面，以及和那些我們習慣在電視上看到的人相處是什麼樣的感覺。但我踏進家門、發現他坐在沙發上，我開始說話時，他只是毫無表情地看著我。幾秒鐘之後，他什麼也沒說，就直接從我身邊走過，離開房間。

當我們回到垂釣這個較安全的領域時，才能稍微鬆一口氣，那一次我們受邀和一群朋友出國釣魚。我們回到墨西哥，這次是為了釣到銀鯧（permit）[31]，這種扁平的魚很難被發現，更難以釣獲。牠銀色的魚身前端渾圓，尾部迅速變尖，看起來並不具備適合在水中移動的流線型身形——比較像是一塊變形的煎餅，在水中劃出不可思議的路徑。儘管體型龐大和略顯笨拙，銀鯧其實很機智且具侵略性。牠的警覺性高，配備著巨大的雙眼和深邃的鼻腔，可以從遠處偵測到危險，一旦察覺到麻煩或咬到鉤子時，還具備像長跑選手最後加速衝刺般的逃脫能力。最佳的垂釣點是在開闊的水域，在那裡銀鯧無法快速找到掩護。若有幸釣獲銀鯧、大西洋海鰱和北梭魚這三劍客，就會被視為完成海水毛鉤釣的「大滿貫」。

嚴格來說，只有在二十四小時內釣到全部三條魚，才能算是拿下大滿貫。不過，任何嘗試釣過銀鯧的人都會知道，有些時候光是可以在淺灘中看到銀鯧的蹤跡並有機會拋投出手，就已經讓人很有成就感了，更別說釣上岸。牠們的身體有天然的保護色和預警系統，使追尋牠們變成一種極端難以捉摸的競賽。有時候，魚鰭的微光或深叉型魚尾的暗影快速閃過，就是牠們出現在水裡的唯一線索。

在為期一週的假期裡，我們已熟悉了挫折感，這是釣銀鯧的過程中不可避免又令人著迷的部分。我們在船上垂釣了好多天，幾乎什麼都沒看到，而我在將近一星期的時間

31 編按：「permit」是鯧魚，有身體是銀色但鰭呈現微微金色的印度洋品系，以及身體是銀色但鰭呈現較深的灰色的大西洋品系。文中因為提到是在墨西哥，所以不會是帶有金色的印度洋品系，故譯成「銀鯧」。

裡，大概只出手拋投了五次。然後，在最後一天，一切都改變了。銀鯧是一種群居性魚類，通常大約以十尾為一組一起行動和覓食，但也可能聚集成更大的魚群。突然間，那連日來一片不祥空白的水域，變成了一片閃爍著光芒並顫動的生命之海。

我們乘船追逐，保持著速度，也維持著警惕的距離。我們知道，靠得太近會把銀鯧嚇跑，但我們也必須靠得夠近，才能使遠距拋投落在魚群的活動範圍內。這是典型海水垂釣的兩難，只有在大膽和詭計之間取得適當平衡，尊重魚類的警惕天性和原始力量，才能獲得回報。

銀鯧是一個無情的對手。當機會來臨時，不能有任何差錯：必須挑選出正確的毛鉤餌，把釣竿安裝妥當，拋投得快速又準確，而且收餌的動作必須非常順暢，以便控制毛鉤在水中移動的速度和海水的流速一致。

當出擊的機會出現時，我正站在船頭準備拋投，而B迅速地幫我替換了毛鉤。當我將毛鉤拋進那群魚的範圍、感覺到一條大魚咬住了毛鉤時，我感到一陣發麻的快感，我緊張地等待著這條魚開始奔逃。可是，我沒有感覺到釣線的拉扯感，反而是鬆弛掉落水面的感覺，我的心像在遊樂場坐雲霄飛車似地往下一沉。當我把釣線拉回、仔細一看，確定釣線斷在打結的位置，而這個結正應該是緊緊綁住毛鉤的地方。這是B打的結，我轉過身一看，發現他的臉漲得通紅；他顯然已經意識到自己犯了多大的錯誤。

他和我一樣清楚，被銀鯧咬鉤是多麼可貴。這種魚的眼睛像又深又黑的井，分別在兩側向外觀看，即使以海洋生物的標準來看，牠對危險的感知力也是極度敏銳。銀鯧很挑食，主要以蝦和蟹為食，而且一看到水裡有不尋常的東西就會受到驚嚇，也許可以說是海水中最難用毛鉤誘上鉤的魚種。讓魚成功咬鉤是難事，讓魚脫鉤則是不可原諒。

然而，沒有時間沮喪了。成群行動的銀鯧仍在附近，但隨時可能溜走。因此，我對這次的失誤隻字不提，也沒有多回頭看一眼，只全神貫注地盯著水面。抓住下個時機點，我順勢拋投，稍微放慢向前投擲的動作，確保毛鉤輕輕降落水面。我先把釣線慢慢地、輕輕地往回收，讓螃蟹毛鉤餌沉到水面下。魚先是偷偷摸摸、小心翼翼地靠近毛鉤，然後突如其來吞下毛鉤，最後則是拉扯和令人興奮的釣線緊繃張力。這一次我的釣線沒有斷。很快地，我降服了這條魚，我欣賞著牠兩側銀色光滑的魚身以及魚腹處如同塗鴉似的黑斑，還有牠那似膠底鞋的豐厚嘴唇緩緩地開合，一副好像很驚訝的樣子。

我緊緊抓住這尾銀鯧，感覺既興奮又疲倦，這種混合的感覺就是海釣令人上癮的原因。當我看著B、他看著我、我們倆都看著這尾魚時，我知道我希望自己的人生和我們的婚姻就是由這樣的片刻組成的：奮鬥、成就、原諒錯誤，以及在不容其他事物存在的情況下所產生的親密連結。只需要鎖定一條魚，綁好一支毛鉤，和好好拋投一竿。然後前往下一個釣點，下一場冒險，花幾個星期思考如何釣到下一條魚，再花上幾天去追逐，最後是用珍貴的幾分鐘，於遠方水域展開一場屬於我們之間的搏鬥，這場搏鬥將擴展至填滿我們的整個世界。

大西洋鮭魚的史詩之旅

到目前為止，雄性和雌性鮭魚大部分的生命基本上是可以互換的。可是一旦回到河川，情況就會改變，這時牠們的身體再次轉變，壽命也開始產生分歧。雖然有些雌鮭能存活下來，重複遷徙的偉大冒險——成為多次產卵鮭（multispawners）或產後雌鮭（kelts）[32]，可是相對來說，鮮少有雄鮭能存活下來。牠們為繁殖做準備的方式，使得那些成功到達終點的鮭魚在事後體力耗盡，容易遭受捕食、疾病和疲勞的威脅。

公鮭魚交配的必要條件，表現在生理的另一項巨大變化上。牠會失去為覓

32 編按：指不會因一次產卵即死亡、而是可以多次洄溯產卵的雌鮭。

食而生長的牙齒，取而代之的是更長的門牙，這些門牙會附著在比以前大很多的下顎上，下顎會長成一個鉤狀，被稱為「鉤吻狀下顎」（kype）。更尖銳的牙齒和彎曲的下顎，實際上會共同形成一組戰鬥武器，預示著雄性在繁殖過程中的高度競爭性。

與此同時，雄鮭的外觀也在演變。荷爾蒙的變化會促進黑色素等色素的釋放，使身體的銀色變成介於棕色和古銅色之間的顏色，而類胡蘿蔔素則會促使下顎和腹部出現粉紅色的斑點。兩者都是為了向潛在的雌性配偶與雄性競爭對手，傳達活力和雄性氣概而設計的適應性變化。

一旦以這種方式達到成熟，雄鮭魚就會開始巡邏可能的產卵地，要不直接與其他競爭的雄鮭魚搏鬥——用牠的新配備去咬或用頭去頂撞對手——要不就是透過各種展示的方式，使牠能夠建立支配地位。一般而言，魚群中一條雄性首領，會接受幾條較小、繁殖力較弱的配偶存在，但是會攻擊性地試圖驅逐另一條同等身材的雄鮭。這種階級架構已清楚建立的地點，能鼓勵雌鮭去挖產卵床；如果潛在求偶者之間的持續互鬥顯示出較不明確的情況，雌鮭魚可能會放棄新建的巢。

雄鮭必須跨越許多生死考驗才能走到這一步。然而，回到自己的家鄉河流，非但不代表平靜和遠離危險，反而使牠進入了至今生命中最激烈的競爭。多年來牠一直在躲避危險，現在牠必須適應，在追尋生命旅程一直引領著牠抵達的終點的同時，變得更自豪與更強悍。

辛勤地工作讓我在釣魚界站穩了腳步，但仍然覺得前途未卜，而且我知道我無法維持我當職業教練的第一個釣魚季的步調，馬不停蹄地四處奔波。這不僅讓人精疲力竭，在專業上也是一大挑戰。身為一個沒有固定水域的垂釣嚮導，就像一名每週要帶人到不同城市觀光的導遊。

我原本可以把活動場域固定在烏爾河上的幾個特定河段，然後嘗試把客戶帶來我這裡。但我想要的更多，除了教學以外，還想分享我對這項運動的熱愛，並盡自己所能去激發更多人內在同樣的熱情。自從在綠園提供午餐時段的拋投教學課程開始，我就在醞釀一個幾乎不曾向任何人提過的想法：創立屬於我自己的釣魚學校。我幾乎像熱愛垂釣一樣熱愛的一件事，就是教別人如何釣魚，尤其是初學者。我想像的未來是，我會在國內的釣魚季時經營學校，冬天時則到世界各地旅行，一次造訪一個夢想的垂釣地點。

學校將是我的事業，但同時也是我的個人使命。我知道自己在釣魚界尚未被完全接受。無論我做什麼，我的ＩＧ貼文下面很快就會出現不客氣的評論和問題，或者透過其他人告訴我。當我出現在報紙的文章上時，外界就批評我只是在鏡頭前裝模作樣。當我在ＩＧ上發文時，人們就認為我是個穿著漂亮但根本不會拋投的花瓶。即使當我成為一名合格的拋投教練，這些匿名的批評者也聲稱，那全是因為我是一名媒體知名度愈來愈高的女性，所以評審們給了我一些通融。這些批評經常提醒我，永遠都會有人只因為我是女性、年輕和一頭金髮，而對我在釣魚界的存在感到反感。

有一部分是大多數垂釣（或做任何事情）的女人都曾經歷的輕微厭女行徑：當妳釣魚上岸時人們的挑眉表情、評論妳的穿著、質疑「妳」是否真的會拋竿。有些則是更針對性的：對我在社交媒體上的形象與我宣傳垂釣工作的方式近乎尖酸刻薄的反應，從我的技巧到有時我塗上鱒魚鱗片圖案的指甲彩繪，都做出負面的批評。

有時，這種情形會變得更加嚴重；跟蹤狂曾數次以我為目標。目前為止，最嚴重的一次是有兩個人針對我、我的母親、朋友和贊助商頻繁騷擾長達一年。除了在社群媒體上辱罵和貶損我之外，他們還明確表示他們的目的就是要打倒我、摧毀我的職業生涯。一開始我試著不予理會，因為我已經學會回應批判性的評論只會火上加油。但那些言論充滿憎恨，而且持續很長的時間，讓我無法不受到影響。每當我封鎖一個帳戶，另一個帳戶就會冒出來，用同樣的訊息、同樣的語氣、同樣無情且日復一日的模式進行批評。事情發展到我每天早上醒來就知道，我第一則讀到的一定是他們的發言。當然，我也擔心他們會在現實世界中試圖找到我。不過，最糟糕的是成為他人針對的目標的那種不安全感，以及意識到身為公眾人物會使你成為少數人眼中可抨擊的對象，他們會把自己生活中的挫折和不足感強加到你身上。我正想著是否該採取更積極的處理手段時，辱罵突然停止了。他們最終不是厭煩了，就是轉移到下一個目標。之後雖然又發生過，但情況沒有那麼嚴重。有時候我還是會想到，其中一個網路惡霸居然是一個女兒的父親。

我對社交媒體上的辱罵的反應每天都不同。有時候那真的讓我很沮喪。在漫長一天的工作結束後，如果有人跟你聯絡，說你是個對釣魚一無所知的騙子，實在很難不受到影響。而不斷有人提醒你世界上有人不喜歡你，比想像中更讓人意志消沉。

但大多數時候，我都試著不去理會它，提醒自己那無關緊要，並利用它作為點燃我的雄心壯志的燃料。儘管我知道無論我做什麼、怎麼做，這許多的聲音可能永遠不會消失，但我也想證明他們是錯的。而成立一所釣魚學校，將是我達成這個目標的途徑：同時可以推動我的職業生涯發展，並回應那些批判我的人。

然而，儘管我有這麼大的動機，但卻相當欠缺實際操作上的經驗。除了遠大的理想之外，我幾乎完全不知道該如何去執行。沒有商業計畫、沒有時間表、沒有策略願景：只有一個我想要達成的目標，以及一種我可以用願力將它實現的感覺。

我毫不氣餒，開始在Google地圖上尋找本地的湖泊，想找出可能說服地主讓我用來開設垂釣課程的地方。經過幾次的錯誤嘗試之後，我終於有了突破性的進展，而且是在一個我從未預見的地方。事實上，當我聯繫包含了一間飯店、鄉村俱樂部和兩萬英畝土地的史雲頓莊園（Swinton Estate）時，我甚至沒有提及開辦釣魚學校的想法。我以為這麼有聲望的場所，不可能會冒險採用一個毫無經驗的人提出的不確定想法。前一季，我曾在烏爾河及奔恩河（River Burn）上樹木環繞的史雲頓特定河段垂釣，因此我詢問是否可以在那裡舉辦一些企業員工日活動，這與我在泰斯特河已經在進行的工作十分相似。

史雲頓莊園的業主和飯店經理同意與我見面的時候，我預期要討論的就是這件事。然後，一句隨口說出的話，不僅出乎我意料，也改變了一切，我一輩子都不會忘記。

「所以，妳有什麼計畫呢？」

我還沒來得及阻止自己，就滔滔不絕地把心裡的話全說了出來：我對垂釣的熱愛，與我對教導他人也愛上垂釣的熱情不相上下；我對創辦一所學校的願景，這裡的湖泊使我想起自己第一次釣鱒魚的地點，還有我對鄉間環境和穀倉建築的喜愛。我正在向那些我從未想過會對此持開放態度的人，推銷我原本沒有打算提出的構想。

他們說，這聽起來是個好主意。接著問：我打算在哪裡創辦釣魚學校呢？當我承認目前這只是個構想時，他們立即且近乎隨性的回應令我驚訝不已。對方表示，史雲頓莊園有幾個湖，很容易就能把其中一個湖用來進行這樣的計畫。這裡也有充足的室內空間。一所釣魚學校聽起來是一個好方式，可以讓更多人認識史雲頓，並為飯店的住客提供一些新活動。會議結束時，我得到了從未想過可能得到的成果：一個攜手合作在史雲頓創立我的釣魚學校的承諾。

這是一個比我敢期望的更好的基地，湖泊與一座鹿苑相毗鄰，莊園本身是約克郡鄉間一片起伏的奇景，涵蓋了森林、松雞獵場和公園。位居中心的是史雲頓公園，這是一座充滿喬治亞風格的鄉間別墅，在十九世紀初被改建成一座具有哥德式建築特色的城堡，現在則是做為一間飯店。對於想逃離匆忙的都市生活，開始更深入體驗鄉間寧靜生活節奏的人來說，沒有比這裡更棒的地方了。

然而，我沒有機會沉浸在這一刻的喜悅中。我們的會面是在一月下旬，距離釣魚季正式開始只剩下幾個月。史雲頓莊園和我都認為沒有任何理由浪費一年的時間，因此我們決定積極前進，決心讓學校及時成立和營運，在這個釣魚季就迎接客人的到來。那感覺上就像一個沙漏被倒了過來。每過一天，沙子似乎就更快流向底部，同時我則是手忙腳亂地準備著學校開幕所需要的一切。而每一天，我都會發現一些之前沒有想到、或意識到我們會需要的新事物。

這是一項帶有無止盡的要求的任務。首先是場地本身——要取得許可證和保險，湖裡要補充魚苗，室內空間要整修成可供遊客購買釣魚用品的迷你商店。另外，還有跟成立新公司有關的全部行政和文書工作，以及與教導民眾（包括兒童）相關的健康和安全要求。需要創造一個品牌、建立數位形象、規劃開幕活動，當然還要尋找顧客並確保預訂。由於幾乎沒有多餘的資金，我只能獨力承擔大部分的工作，推動自己完成一張又一張的工作清單，每天新增的工作項目似乎都比我能完成的還要多。

我做這一切，都是受到夢想近在咫尺的興奮感所推動，可是當我深夜坐在筆電前埋頭處理文書工作時，也被一股不安感所壓制。B偶爾從沙發上瞥我一眼的眼神，將他的疏離感表露無遺；那是一種沉默的指責，怪罪我把全部時間都花在工作上，而沒有給我們倆足夠的時間。在順利的日子裡，當我跨越一個重要的障礙，學校似乎又更接近實現一步時，我會告訴自己，我把精力集中在可以帶來改變的地方是正確的，婚姻之所以發生困難，是因為我又再度忙碌了起來，等我辦好學校並開始運作，情況自然會轉變。而在不順利的日子裡，我會懷疑我們失敗的婚姻是否都是我的錯，我感到內疚，因為我把時間都花在籌辦學校，而我本來可以利用這些時間去嘗試解決我們的問題。或許，如果我不這麼拚命工作，而是多投入我們的家庭生活，我們就能回到以前的樣子：一種似乎不用努力就能契合的關係，兩個人能夠且確實分享著一切。

大概在我開始打聽學校的場地時，我和B終於好好談了一次，並承認我們之間的問題。我們的婚姻生活才剛開始六個月，但我們之間的距離卻愈來愈遠。我告訴他，我覺得在事業和社交生活上都得不到他的支持；當我試著談論工作時，總是會碰到一堵沉默的牆，而且他有時會拒絕陪我參加派對和活動，令我很困擾。他則說我不在家的時間太多，而且在試圖逃避我們搬到約克郡時共同承諾要過的鄉村生活。

我們正朝著不同的方向用力拉扯。但在我心裡，同樣清楚的是，我絕對不可能放棄婚姻。婚姻不是我輕易做出的承諾。身為一對離異父母的孩子，一個還記得父母分居時的強烈痛苦的女孩，我曾發誓永遠不會讓這種事發生在我身上。如果沒有經過努力就放棄我的婚姻，我會無法面對鏡子裡的自己，更不用說面對我的家人和朋友了。「妳必須付出時間去解決婚姻問題，至少一年。」我母親如此告訴我，而我知道她是對的。

因此，我們坐下來，好好談話並立下新的誓言——不是在聖壇上說的愛的誓言，而是關於共同生活的實際細節，以及我們會做什麼事以更恰當地滿足對方的需求：這場對話是為了解決雙方的衝突，而非加深彼此的情感連結。我們都給出了一些承諾：他會更努力支持我的工作，和我一起參與活動；而我則會限制旅行，讓兩人一年當中分開的時間不會超過兩個星期。我們會如我母親建議的，給自己至少一年的時間來扭轉情勢。面對我生命中最重要的兩件事，我得放棄其中一件事的某部分，以爭取保住另一件。習慣對自己的抉擇很有把握的我，無從得知這個辦法是否會成功；不知道這會是重啟我們婚姻的妥協，還是會讓我後悔的職涯犧牲。

≡

我們決定將學校取名為「北方釣魚學校」（Northern Fishing School），現在離正式開幕只剩下幾個星期，而我終於開始感到有信心。漁場已安排妥當，顧客的預訂也陸續確定，而且在史雲頓莊園的協助下，一間穀倉改建成了辦公室和商店，將做為我們的總部。經過幾個月長時間的工作和無止盡的擔心自己會忘記什麼重要的事情，現在起步就在眼前了。

六月的一個早晨，當我準備在湖中放置一些圈圈，做為人們擲準練習的目標時，我才意識到自己還沒有實際踏入這片即將成為我的教學基地的水域。不過，我知道我已經愛上這個湖。由於湖的形狀狹長，加上風經常吹拂湖面，造成一道水流的印象，使許多訪客一開始都以為這是一條河。如果你沿著湖水的流動走，穿過史雲頓莊園四周相連的馬蹄形湖泊和池塘，湖水最終會通往河流，注入奔恩河後再向東延伸，最後匯入更大的烏爾河。有一段時間，除了冬天的湖上溜冰之外，這個湖極少被人使用；可是我第一眼就知道，這個湖是釣魚學校的完美地點：非常適合初學者，湖岸很淺，周圍也沒有樹木，不會妨礙第一次學習後拋竿的學生。

俯瞰著這片土地，我心中的滿足感因為身邊有B的陪伴而倍增，他為了表達支持，下班後特地過來幫我準備場地。當我們涉入湖水，我的心思已飄到我將在此教授的第一堂課，以及我要用來教導學員的練習。在一個美好的夏日，陽光於水面灑下鑽石般的亮光，那將是我夢想中的一切：一個讓人們逃離城市的美麗世外桃源，以及一個讓我憶起自己第一次學習釣魚的湖泊。一年半前，我也是像這樣在自家前院放置目標圈圈，準備參加拋投教練認證考試，當時我還不確定該如何、或者是否能實現垂釣職業生涯的夢想。現在，我正在這美麗的環境中，為我自己的釣魚學校做最後的準備。

我的雙腳把我踢出了這個白日夢。它們碰到了某些東西，但這東西出現得太快了。多走幾步後，證實了那股在我內心燃燒的恐懼。波光粼粼的水面底下，幾乎沒有更深的水了。也許只有一呎深的水浮在累積的垃圾上：一層厚厚的泥巴和從守護附近鹿苑的巨樹上吹過來的樹葉。我們的靴子直接陷入深灰色的爛泥裡，又深又黏，必須扭動雙腳才能掙脫。我和B面面相覷，根本不用再多說什麼。第一腳踩下去就知道情況不妙——硫磺的腐臭味說明了一切。我們進一步探索，沿著湖邊上上下下試探，每隔一段距離就把腳踩進去，證實了整個湖都被這些東西堵住了。由於湖泊已經好幾年無人使用，不知何故這件事一直沒有人發現，直到現在，就在我們盛大開幕的前幾週。

這個湖代表了我多年來努力打造的一切：我把自己從迷失無助的狀態拉出來，到站在實現我最大抱負的邊緣，這過程中我所做的一切。我在錫永公園的湖邊重新自學釣魚、努力考取資格證照並走遍全國和世界各地去教導人們所花費的所有時間，以及所有引領我走到這裡的那些毅然遷移外地、踏入未知世界的重大決定。儘管如此，當我感覺到本來應該有水的地方出現了黏糊糊的泥巴時，一切似乎都變得搖搖欲墜。在幾秒鐘之內，我從一個自豪的全新釣魚學校的老闆，變成了一個沒有湖可以垂釣的人。經過幾個月痛苦的文書作業後，我怎麼會忽略了要檢查整個計畫所仰賴的最基本的事情呢？

通常我不會把我在商業上的經驗不足放在心上，總是告訴自己，決心和熱情可以彌補我所不知道的部分。可是在這一刻，我覺得自己完全就是個菜鳥；為自己忽略了如此明顯的盡職調查感到尷尬，並想著所有曾對我的雄心壯志表示懷疑的人，一定會幸災樂禍地看著我此時在湖中擱淺的模樣吧。

當我重新打起精神之後，只有一個行動方案可供選擇。我怯懦地把這個消息告訴史雲頓的團隊，他們好心地同意疏浚這座湖——這是一項昂貴的工程——並提議我們使用他們其他的湖泊，畢竟這座湖要等到下個釣魚季才能使用。但是其中的一個湖不容易到達，另一個則跟第一個一樣淤塞。最後我們在附近的鱒魚漁場找到了解決方案，學校的第一個釣魚季就在那裡舉行，第二年再返回史雲頓莊園。我們從一次跌倒中重新站了起來，不過這也是一個提醒——任何值得做的事情，都不是輕鬆或簡單的。事實上，我愈是努力把事情做好，每件事情似乎就變得愈難做。我跑得愈快，試圖同時履行每一項義務、實現每一項抱負，我似乎就前進得愈慢，被困在工作與家庭、婚姻與事業之間。這種情況持續得愈久，我就愈不確定該如何找到出路。

工作不順的一天，因為家中的情形不佳而變得更糟。我會從外頭回到一個充滿緊張氣氛的家。我們已經失去了我們關係中的節奏，失去了那種無需太多言語，就能讓每個決定都輕而易舉、每次談話都自然發生的連結。現在我們倆都不知道該如何重現那種親密感，甚至不清楚我們是否想要那麼做。在原本應當解決問題的時間點，我們卻都撤退到自己世界中更深的角落。我一再地感到不解，這個我曾視為靈魂伴侶的男人，怎麼會變得看起來與我如此疏離？這真的是我想要一起建立家庭的那個人嗎？

幾個月來，我的內心每天都在進行激烈又與直覺衝突的對戰：明白我們的處境已經無法挽救，可是又對事情發展到這個地步、而且是如此快速感到沮喪，甚至近乎羞愧。在一天的時間裡，我的想法瞬息萬變。早上我會下定決心不讓我的婚姻垮掉，不讓我至今做過最重要的事以失敗收場。到了下午，就像前一天和隔天一樣，我又知道一切都結束了。問題只在於我們雙方何時會同意去承認和接納這個結局。只是我們兩個人對生活的期望，都無法被容納在婚姻的共同關係中罷了。

在我們婚姻最後幾乎一整年的日子裡，我一直用這個簡單但毀滅性的事實折磨著自己。我花了很長的時間才接受我們犯了一個可怕的錯誤：我們都錯誤地期望對方能夠更適應我們自己對未來的想像。我們的關係已經到了這樣的地步：可以輕易地讓彼此不快樂，如同當初輕易地就愛上對方。

在我的婚姻崩塌的同時，我對自己的深刻信念也垮了：只要是我真正關心的事，我都會不惜一切代價，付出最大努力去獲得成功。但這一次是我無法單憑決心就能克服的失敗。離婚的可能性似乎在嘲笑我對生活的整個態度。我為這段關係付出愈多努力，它就變得愈支離破碎：精心策劃的晚餐讓我們發現彼此無話可說，出外遊玩讓我們清楚意識到彼此的距離比以往更加遙遠。

婚姻的最後幾個月，我們的關係顯然逼近破裂，那是我人生中最難熬的時光之一。就在這個時候，我發現了孤獨真正的意義——它籠罩著我整個人，從各方面箝制著我。雖然家人和朋友給予我許多支持，但是我體悟到沒有人能保護你免於在每個清醒時刻糾纏著你的情緒的侵擾，你的思緒會如顯微鏡般聚焦在你這個人的每個缺點，放大你感受到的責備，以及那種確信每個人都在用你犯的錯誤來評斷你的感覺。

外人永遠無法知道他人婚姻中發生的事，或他們的認知與現實有多大的落差。我從許多人口中聽到相同的建議：給它時間，付出努力，要知道這本來就不容易。我知道，一段僅維持十八個月的婚姻看來是什麼樣子，但事實上，我們的關係早在訂婚前就已經搖搖欲墜了。我們一直在嘗試，一直在付出努力，但我們兩人都沒有感受到一絲可以再次共度幸福生活的可能。

我所了解的情況，與人們告訴我要做的事情之間的巨大鴻溝，只是徒增我的孤獨感。有許多日子我是跌跌撞撞地度過，有時腦中幾乎無法形成連貫的思緒，也無法長時間集中注意力。我無法看穿籠罩著我的霧氣，那是由恐懼、固執和後悔所構成的模糊混合物。有時這真的會使我癱瘓。某日下午，我在車上茫然地望著前方，直到聽見後方的喇叭聲響，才驚覺交通號誌已從紅燈轉為綠燈。當我嘗試做出反應時，發現有好幾秒鐘我的手腳都無法動彈。無論從哪個角度來看，我都被困住了：無法回到過去，也不知道該如何前進。

然而，我不能完全沉溺在自己的不快樂中。因為儘管我生命中重要的一部分即將結束，但另一部分才剛要開始。在一夜無眠的獨自思考之後，我會自己去史雲頓莊園為客戶授課，在最完美的環境中做我一直想做的工作，而且是在如今可以稱作是我自己的品牌旗幟下進行。雖然內心空虛又筋疲力竭，我仍決心在世人面前呈現自己最好的一面。這幾個月，我在婚姻和釣魚之間被拉往兩個不同的方向，這幫助我建立區隔情緒的能力，讓我可以把那個覺得自己什麼都做不好的人，以及那個能為孩子們和首次接觸釣魚的人樹立自信、開朗榜樣的人分開來，而這兩個族群正是釣魚學校的主要客源。

如同過往，在我最需要的時候，釣魚給了我安慰。二十歲的我從紐西蘭回來的時候，藉著重新自學釣魚的這個嗜好，找回了失去的目標和自信。現在，我則是透過教導他人找到了重心，沉浸在垂釣所需的全神貫注之中。我全心投入這項需要全力以赴的任務，把垂釣這門複雜的學問傳授給那些經常是第一次接觸的人。

身為教練，釣魚過程的每一個部分都是被放大的：除了考慮水域、條件和魚之外，還得考量到你正在教導的人，以及你對他們最適合哪一種指導方式的直覺。學員變得幾乎跟魚本身一樣是個難解的謎題。有人想要觀察和模仿你嗎？或是希望你把他們的手和手臂移到正確的位置呢？他們是否需要增強信心，還是需要稍微克制一下他們的熱情，直到他們掌握某些被忽視的技術細節？現在應該讓他們在水上練習，還是在草地上多練習一些時間？我每天都花好幾個小時在思考這些問題，代表這些時候我就不會一直想著我的婚姻問題。我緊緊抓住這些讓我暫時喘息的島嶼，這些讓我感覺和聽起來又像自己的時刻，我可以聽到一絲自信悄悄回到我的聲音中。

我與釣魚的關係也在改變。在我認真垂釣的五、六年間，這項運動對我來說像是一種痴迷，幾乎是一種上癮。我一心一意專注於下一次的釣獲、下一項資格認證、我可以改進的下一步。現在我已經實現了其中一些目標，我關注的範圍也開始擴大。我開始思考的不僅僅是我自己的釣魚之路，也包括如何為其他可能從未考慮拿起釣竿的人開闢一條他們的路。我也在觀察河流，不只是觀察魚群的動向，也觀察水位低得可疑的地方，當我聞到雨水排水口溢出的汙水散發的刺鼻惡臭，或是看到衛生棉條和面紙漂浮過河面的時候。我開始意識到，身為一名垂釣者，有一項不言而喻的責任，就是保護你花這麼多時間相處、帶給你這麼多喜悅的河川。當化學廢棄物和上升的氣溫威脅到我們的河川，花大量時間觀察河水狀況的垂釣者，無疑是拉響警鈴並支持更好的生態保育和管理行動的最佳人選。理解到這一點幫助我對釣魚的熱愛變得成熟：從不斷追求下一個目標，到捍衛我的熱情所仰賴的脆弱生態系統。

釣魚學校成立後的第一個夏天，是一段奇特而錯亂的時光，我生命中的一部分破損得無法修補，而另一部分則開始成形：認知到我的婚姻已經回天乏術的沉重感，偶爾會因一些喜悅的時刻而短暫消失，那是當我看到人們在我創辦的學校釣到他們生平的第一條魚的時候，這些時刻顯得更加苦樂參半，因為我知道這份快樂不可能長久留駐。

學校給我一個釋放的出口，但不是我所需要的完全逃離。我知道我們的婚姻走不下去了。我希望我的世界是沒有限制的，可是對B來說，這意味著沒有根，是一種沒有家或沒有重心的生活。我想要擁有一切：永無止境地探索新的地方，讓家庭生活成為其中的一部分，並因此而更加豐富。他相信我們手中擁有的，比起我們可能在尚未探索的地平線上找到的任何東西都還要好，而婚姻意味著在約克郡建立我們的生活，買一棟房子，最後再添幾個孩子。對我來說，他想要安頓下來的渴望，只代表勉強接受一種低於我的期望的生活。

事實上，很容易看出這些截然不同的想法源自何處。B在約克郡有他的整個家族和許多朋友，還有他的工作。他想過著同樣的生活，模擬他一直以來所熟悉的滿足感和安全感。相較之下，我則受到流動不穩定的成長經驗和家人分居的影響。儘管我的內心有一部分想要擁有從小就憧憬的、穩定的鄉間家庭生活，但我也同樣渴望新的體驗。對我來說，開心的居家生活與追求冒險是同一個整體的兩半，而非勢必引發衝突的欲望。然而現在，我卻好像被要求在兩者之間做出選擇。

我感覺自己被困在一種生存狀態中，在其中，我可以準確預知一年、甚至十年之後，我會做什麼、和誰在一起。這與我想要的隨性生活完全相反，而我永遠無法接受這種不能選擇四處移動的生活。我不會在一個不幸福的家裡養育孩子，也不會放棄帶著釣竿到世界各地旅行的雄心壯志，即使我還不到三十歲，也不會用我的夢想去換取整天坐在家裡的生活。隨著釣魚世界的可能性開始向我敞開，我無法接受任何事物被封閉起來。

現在唯一的問題是，何時及如何讓我們自己解脫。我向來是善於開始而非結束的人，在邁向目標時比撤退時快樂。在這件事情上，我這個傾向變得更明顯，因為知道婚姻的結束意味著向不到兩年前所有與我們一起在婚禮上慶祝的人，承認一個公開的失敗。

儘管我已經告訴我的母親和最親密的朋友，我的婚姻已經結束了，但最後還是要靠實質上的距離才能讓分居成為現實。我在玻利維亞叢林的那一個星期，追蹤著亞馬遜混濁河水中黃金河虎閃現的亮光，提醒了我不能放棄這種體驗，只為了留在一段所有意義都已流逝的關係裡。那次旅行讓我領悟到，冒險和自由對我而言無比重要，我若努力要過沒有這兩者的生活，是不會快樂的。我早已做了決定，但現在我確定要清楚地說出來。

那天晚上回到家，我告訴B：「我不能再這樣下去了。」

儘管開始我們關係的那次對話那麼長，我們分手前的這最後一次對話卻很簡短。只需要說出這幾個字就夠了，但我卻花了好幾個月才準備好說出口。當天晚上，B收拾好一袋衣物，就去了他母親的家。我知道我應該感到難過，而且遲早我會面對羞愧、憤怒和後悔。但是，經過這麼長時間在知道與決定之間徘徊，決心與否認又不斷拉扯，在我們分開的那一刻，我幾乎沒有任何情緒。只有在想到我的生命現在可以重新開始時，我才感到一絲微弱的釋然——就像鮭魚從休息處浮出水面，準備繼續向上游前進時輕輕擺動的尾巴。

RELEASE
釋回

08

釣魚再度帶我走出黑暗

這是我去過最美麗的地方之一。我的注意力不是放在四周大自然的美景上。我已經不去想身後的法夸爾環礁（Farquhar Atoll），那是一抹歪斜的綠色微笑，有成排的椰子樹和完美的白色沙灘形成的唇緣。我也不去注意有著黑色頭冠和焦炭色羽毛的烏領燕鷗正從頭上飛過。東南貿易風（trade wind）[33]迎面吹來，我們的嚮導傑瑞用一根長長的撐竿巧妙地操縱著小艇，我幾乎沒有去想在海灘和林間小路上巡邏的亞達伯拉象龜（Aldabra giant tortoise），以及牠們是如何在這個似乎自成一個宇宙的地方——這片如一滴淚般獨自落在印度洋上的陸地——緩慢爬過人類許多輩子的時間。

我們在尋找這座天堂中唯一不那麼完美如畫的東西。往下望去，海床上有著斑駁不均、由珊瑚形成的暗色斑點。在水域呈現的各種藍色中尋找有貝殼般紋路和靛藍色調的魚尾——當魚低頭覓食時，尾巴的一角會浮出水面。

這條尾巴屬於隆頭鸚哥魚（bumphead parrotfish）。有些魚是因為牠的美麗、顏色鮮豔和線條優雅而顯得非凡，但「隆頭魚」（'bumpy'）卻不是。牠的長相非常難看，幾乎滑稽可笑，就像一隻小孩畫的想像中的海怪活了過來一樣。從牠的額頭上突起一顆巨大的粉紅色腫塊，像一個病變一樣與其餘的藍綠色皮膚形成鮮明對比。這個駝峰形的腫塊與一對驢子般的暴牙相得益彰，這組暴牙讓隆頭鸚哥魚真的可以咬掉一塊塊的珊瑚礁，

33 編按：在低空從亞熱帶高壓帶吹向赤道低壓帶的風。

而小型隆頭魚則直接游進牠們的嘴裡進行清潔暴牙的工作。在牠巨大而扁平的身體側邊長著粗短的鰭，除非你看到一尾隆頭鸚哥魚開始逃跑，否則很難想像這對魚鰭可以用來游泳。

「隆頭魚」是海洋中的惡夢：一種真正帶有威脅氣息的魚類，如果你想到那些能把堅硬的珊瑚磨成沙塵的臼齒能對你造成什麼傷害的話。自從我聽過這種魚後，我就知道我一定要釣到一條。而釣獲隆頭鸚哥魚的最佳地點就是塞席爾群島（the Seychelles），那裡或許也是海釣的終極釣點，可以找到所有想像得到的釣遊魚。在我婚姻漫長、寒冷的凋零過程中，這是我堅持不願放棄的旅行，總是想像著有一天我會涉過這片水域，沉浸在一個身後全是綠意、前方是無盡蔚藍的地方。

幾天以來，我們一直在追逐「隆頭魚」，但都沒有成功。要發現牠們不是問題，因為牠們在海床上覓食時尾巴會露出水面，而且經常成群結隊地游動。誘牠們著鉤也不是問題。不過，「隆頭魚」是可怕的對手，牠會充分利用布滿在藏身處、剃刀般鋒利的珊瑚。我發現有多條釣線因為被隆頭鸚哥魚拖到深水區並游過珊瑚礁而被切斷。現在我已知道，如果我能釣到一條隆頭鸚哥魚，那麼我這一生最期待的一次釣獲，也將是最得之不易的一次。

在法夸爾環礁的第三天，機會來了：我們一直跟蹤的魚群突然轉向我們這一頭。牠們離我們愈來愈近：如果再往前一點，就會察覺到我們的存在並立刻逃走。

「現在、就是現在，向右邊拋。」傑瑞喊著。

我試圖做出長距離的側拋。接著，在後拋和前拋的動作中，我加上用左手拉扯釣線的動作，讓釣竿因為負重增加而更彎，進而使得釣竿回彈時的速度更快：即雙曳引（double haul）的技巧，它是所有海水毛鉤釣手最好的朋友。我的橘色螃蟹毛鉤懸盪在魚的前方，我輕輕拉了幾下釣線，但沒有用力，因為這樣可能會驚嚇到這條具有可怕攻擊性、卻又容易受驚的怪物。然後我等了幾秒鐘，看看牠會不會咬鉤。

「上鉤了。」傑瑞興奮地說。

魚上鉤了，我的釣竿變得像船頭一樣彎曲，魚快速逃跑時把釣線拉出去，使捲線器發出尖叫聲。釣竿彎了，傑瑞用撐竿划水，操控我們的小船行過淺灘，巧妙地將我魚鉤上的隆頭鸚哥魚帶離珊瑚區。我的雙腳穩穩地撐著。我從來沒有遇過跑得這麼快、這麼猛的魚，即使是浪人鰺也不會這樣，牠直接拉走了一整段釣線，甚至拉出了我的預備線——一種較細的線材，通常繞在捲線器的最內層以墊厚捲線器的軸心寬度，也提供你額外的線距來搏魚，但只做為實際釣魚時的最後手段。

魚就餌時的那道拉扯，就是讓人上癮的藥。

釣線上有一尾隆頭鸚哥魚，感受著魚的原始力量與迎面吹來的微風，讓溼氣緊緊環抱著我，同時周遭傳來建議我怎麼做的喊叫聲，我終於感覺再度找回了自己。沒有疑慮或問題，也沒有後悔和自責。只有單純的海水和全速拉緊的釣線，我的雙臂繃緊，嘴巴因為緊張而突然變得乾燥。我腦海中唯一的想法就是：堅持住，穩住自己，開始慢慢地把這隻雄偉的怪獸收回來。這才是我的歸屬，我命中註定應該存在的地方。當我握緊釣竿，感覺到隆頭鸚哥魚開始被我制伏時，我知道在這個遙遠的地方，我回到了家：回到旅行，回到冒險，回到無拘無束的釣魚和無悔的生活。這一次，我的雙手緊握，絕對不會放手。

大西洋鮭魚的史詩之旅

從海洋遷徙回鄉的大西洋鮭魚，完全成熟並準備開始游向上游，一路排除萬難才走到這一步。然而，回程中許多最大的危險仍在前方等候。重新回到河流，游回產卵地，可能是這段史詩般旅程中最短的一段，但危機卻四處潛伏：瓶鼻海豚會在莫瑞海灣（Moray Firth）巡邏，脅迫鮭魚游至淺水區後進行獵殺；十幾隻海豹會在河口的沙岸上聚集，伺機撈捕那些錯過時間點在潮汐太低時游過的鮭魚；而在上游，水獺會潛藏在瀑布上方，牠們知道只要等待夠久，躍出水面的鮭魚就會直接被送到面前，成為牠們的下一餐。

洄游的鮭魚若能避免被體型大上數倍的掠食者整個吃掉，接下來要面對的就是體型小很多的敵人：海蝨，一種甲蟲狀的寄生蟲，會附著在鮭魚的皮膚上，以其血液和皮膚為食。這種寄生蟲並不新奇，但牠們的數量因鮭魚養殖業的發展而顯著增加。

與野生的鮭魚同類相比，這些養殖鮭魚的一生是在幾乎完全禁閉的環境中度過，起初在水箱中孵化，接著移至湖上箱網，最後在海水養殖場長大；海水養殖利用寬達兩百公尺的巨型浮網，可讓海水流入，同時阻止鮭魚游出。在如此狹窄的空間，這些魚被迫不停地繞圈游動，長達兩年之久，直到被宰殺為止。野生鮭魚因為吃甲殼類動物而長出粉紅色的魚肉，而如果在飼料中沒有注入化學物質，養殖鮭魚的魚肉就會是灰色。除此之外，野生與養殖鮭魚之間的交配繁殖，被認為會削弱前者的獨特基因，而正是這些基因讓野生鮭魚成為如此強壯的生存者。

狹窄的圍欄也為海蝨提供了富饒的環境。成為牠們獵物的魚類會死得很慘，在圍欄底部發現的死魚，頭部血淋淋地暴露在外——被數百隻飢腸轆轆想吸食魚血的海蝨剝去魚皮，活活吃掉。

即使是野生的大西洋鮭魚也難逃一劫；牠們必須遊過這些養殖場，經過充滿化學物質、有時甚至是長滿海蝨的水域。牠們穿過這片水域後，身上經常是爬滿了寄生蟲。縱使這些寄生蟲的數量不足以致命，但仍會削弱鮭魚的體力，影響其存活或成功繁殖的機會。鮭魚養殖場不過是遷徙的鮭魚與其河流上游的故事終點之間的另一道障礙。

天色已晚，酒至半酣，當這個挑戰被提出時，我根本沒有心情回絕。

「打賭妳贏不了我。」

那是濃得化不開的德州口音。地點是阿根廷北部的一個小屋。我母親有點緊張地看著這場對話。

歡迎來到釣魚的世界。這項運動會將你無法想像的人聚集在同一個房間，他們可能是心臟外科醫師，也可能是樹木外科醫師，他們可能沒有任何共通點，除了想要白天待在水邊、晚上談論釣到和沒釣到的魚之外。垂釣的通用語言超越所有年齡、文化或背景的藩籬。在釣魚這個共同的領域，人們的話匣子會立即打開，除非旅行結束，否則很少會停止。

通常個人的最佳釣獲紀錄會是談論的主題，但是那天晚上我們轉向了另一種形式的競賽。在旁邊的遊戲室，我發現了一張撞球桌，而仗著喝了一點阿根廷紅酒，我開始談到我的球技。當我和那名德州挑戰者實際走到撞球桌前，看著他像握著一根火柴棒似地握著撞球杆，我才意識到，這張撞球桌比我在家鄉酒吧裡常玩的大很多。

「賭注是什麼？」

南方人的聲音變成了歡呼聲，因為他們其中一人回到遊戲室，張開他捧著的手，露出一隻鍬形蟲。我仔細看了那副骨架，牠的背部像盔甲一樣隆起，看到牠的觸角抽動時，我開始感到一陣噁心。輸家要把這個小不點當作開胃菜享用。突然間，撞球桌看起來真的很大。現在我真的一定要贏：我絕對不讓那東西靠近我的嘴。出乎意料的是，這竟成了我所需要的全部動力；我把一顆又一顆的球打入袋，彷彿我是在拋竿而不是在撞球。

當我在最後一局把黑球擊落球袋時，我如釋重負地大喊：「我贏了！」

我沉浸在這勝利的時刻，母親則在我們和善的同伴咬下那隻甲蟲時努力忍住不笑出來，而當那隻甲蟲釋放出看起來很可怕的白色黏液時，歡呼聲再次響起。

我感到的不僅是如釋重負。這次旅行是我和B分開以後的第一次旅行，是我迫切需要的一次釋放和逃離（之後很快就展開了其他幾次的旅行，包括在塞席爾群島追尋隆頭鸚哥魚）。冬天的幾個月裡，我獨自坐在我們的房子裡，處理著將我的生活和他的生活分開來的實際問題，並痛苦地思考著我是否能夠或應該留在約克郡。

我有很多理由可以離開。不只是為了尋找新的開始，而是因為即將發生的離婚，使我在這個後來建立的家變成了一個陌生人，甚至是一個局外人。B一直是那個在這裡有根的人：我們在這地區的朋友，從一開始就是他的朋友，而他們都回到了原本的角色。

到如今，我們已經沒有任何和解的可能。他從婚姻諮商室沙發上另一端說出的話，讓我毫無疑問地認知到，他想要的關係是我無法忍受的。「沒有出國旅行，沒有蘇格蘭的鮭魚垂釣旅行。」

我靜靜地坐著，心想我怎麼會愛上一個想要剝奪我生命中這麼多意義的人——我的事業、我的熱情，甚至我的童年回憶的絕大部分。如果還需要確認的話，這證實了我的旅行並不是問題，問題是他渴望有人能為他和他的願景奉獻自己：很清楚的是，在沒有機會為追求我所熱愛的工作和娛樂而旅行的狀態下，我永遠做不到這一點。

我知道這件事會被這樣描述：是我離開了他，我總是把自己和事業放在婚姻之前。我是那個該受到責備的人。這將會成為外人可以接受的版本。透過B認識的朋友都不再跟我說話，其中一位甚至在眾人面前對我視若無睹，當我在超市的停車場跟他招手時，看也不看我一眼地就從我身邊走過。當一個謠言傳回我耳中，說我有外遇時，整件事發生了滑稽的變化。我推斷這是從某人看到我的行程中會定期跟一位贊助者碰面，然後得出這個創意豐富的結論開始的。

不過，即使我與約克郡的家變得疏離，要離開也不是那麼容易。儘管我迫切地想走出離婚的陰影，重新開始我的生活，但釣魚學校卻一直把我拉回來。這個決定迫在眉睫，我卻無法做出決定。我腦中唯一的想法是：我需要離開，盡可能地拉開我和前一年生活的距離。

就在那個時候，我發訊息給一個我知道可以幫忙的朋友。我想去阿根廷釣海鱒，並且帶我媽媽同行，那位朋友幾乎立刻就答覆了。

「二月我人會在那裡，我們在布宜諾斯艾利斯見，其他的事由我來安排。」

斯蒂芬是釣魚界的知名人物：既是嚮導，也是攝影師，他透過自己經營的媒體公司將這兩項愛好結合起來，為釣魚用品品牌和垂釣景點製作內容。我們第一次見面是在幾年前，那時我的垂釣生涯剛起步。他過著有時我會幻想的生活，似乎不停地環球旅行到世界上最好的釣魚地點，工作的同時還能享受娛樂。

在他的幫助下，阿根廷的垂釣之旅實現了我所期望的一切。梅南德茲河（Menendez）是格蘭德河（Rio Grande）的支流，河道狹窄，地勢平坦無奇。只有沿著河岸漫步的原駝（guanaco，阿根廷駱馬）和刨抓著土的海狸，才能打破這近乎荒涼的寧靜。在你和肥美的海鱒之間是無拘無束的風，對於沒有警覺的垂釣者來說，這是一個詛咒，但是對於懂得掌握風向的人來說，則是一種助力。很快地，我們就習慣了在開闊的平原上適度降低拋投角度，並趁著風吹來時出手，讓風吹著釣線向前展開，以大幅增加拋投距離。在釣到多條小魚之後，我終於把來到此地想釣的魚釣上岸：一條十六磅重的大魚。當我欣賞著那如棋盤般的銀色皮膚與黑色斑點時，我知道我永遠不會忘記這條魚。這是我在旅程倒數第二天的最後幾次拋投中的一次，天邊正低垂著巨大的圓盤狀太陽。

這趟旅行是為了釣魚，為了有機會整理思緒和與母親相處而來的。我沒預料過這個假期會變成怎樣。我和斯蒂芬已經幾年沒見面了，一到布宜諾斯艾利斯，我們就開始瘋狂地聊起釣魚。

就像許多釣魚的對話一樣，就是怎麼也聊不完，我們從布宜諾斯艾利斯的飯店泳池邊，一路聊到兩週的阿根廷釣魚假期結束。這段時間，似乎只有我和斯蒂芬沒有注意到我們有多少時間都待在一起，以至於原本與他同遊的女孩——一位來自玻利維亞的熟人，都向我母親抱怨斯蒂芬忽略了她。不過，當媽媽在旅行快結束之際，問起我是否對他有興趣時，我的態度再清楚不過了。

「絕對不可能。他是個**瘋子**。」

在多年的遠距友誼中，斯蒂芬曾毫不保留地對我描述他的羅曼史和垂釣戰績：一個女朋友在世界的某個地方被「幽禁」，而另一個女朋友則在幾個時區之外被「殭屍化」（復活）。我知道，他是我見過最棒的垂釣者之一，也是我最不可能當成男友對象的人；我們之間僅有的想像就是，他是一個柏拉圖式的朋友。更何況那時距離我婚姻破裂才幾個月，我甚至沒想過要再有另一段關係。

旅行結束後，我們各自回家，他回德國，我回約克郡。我以為可能要再過幾年，我們才會有交集。接著第二天，他發簡訊給我，當時我正帶著瑟橘在環繞附近田野的熟悉小路上散步，經過即將進入熟成季節的黑刺李灌木叢，簡訊中寫著：「我需要妳的護照影本，我要帶妳出去一個星期。說好。」剛剛嘗到重獲自由的滋味，我不需要任何鼓勵就能踏上另一段旅程。踩過深冬的白霜，我能感受到一絲生命中消失已久的興奮感——不知道下週或一年後自己會在哪裡。一個新的冒險已經過去，下一個就在轉角處，一場結束的痛苦，正逐漸被一個新開始的希望所取代。

那是一次令人印象深刻的就餌，來得如此突然又有力，我幾乎不敢相信釣線末端是一條鮭魚。在這裡，釣鮭魚的一般規則似乎都不適用——不用謹慎的停頓，也不用默念「上帝保佑」來延緩揚竿的時機。只需在魚咬鉤後，任釣線嗡嗡作響地從捲線器中飛出，速度之快讓我本能地迅速縮回手指避開，根本就不需要揚竿。「這是個**瘋子**。」我聽見自己喊出聲來，知道除了握緊釣竿、等待衝刺的強度消耗殆盡之外，別無他法。

人們告訴我，在俄羅斯釣鮭魚是不一樣的。與近幾十年來數量急遽下降的西方水域相比，俄羅斯擁有的大西洋鮭魚數量簡直是無比豐富：單單是一條波諾伊河（Ponoi），每年就有約五萬條產卵鮭返回河川，幾乎是蘇格蘭斯佩河每年捕獲量的十倍。俄羅斯遼闊偏遠的水域，是世界上僅剩鮭魚族群仍相對沒受到汙染、水產養殖和氣候變遷影響的地方之一。魚的數量與偏僻的河流位置，意味著這裡的鮭魚與蘇格蘭的鮭魚不同，是極少受到人為影響、同時受到大自然保護的生物。你拋出的毛鉤餌很可能是牠們第一次見到的，由於極少頻繁接觸到垂釣者，牠們對毛鉤不會有戒心。這些魚性情暴躁、強壯，就餌的動作更像鱒魚而非鮭魚。

追尋俄羅斯鮭魚的過程，跟把鮭魚釣上岸的搏鬥一樣艱苦。在與芬蘭接壤的摩爾曼斯克州（Murmansk Oblast）東部邊際的科拉生態保護區（Kola Reserve）釣魚，我們整天都在步行涉水，登上峽谷，跋涉過苔原，攀爬過巨石。一隻眼睛盯著前方的地面，另一隻眼睛則不斷回頭看著河中央，尋找河中是否有會在其前、後方產生緩流區的巨石：這對暫停往上游行進的鮭魚來說，是完美的休息處。對垂釣者來說，則是理想的獵場。

然後我看見了一個可能的釣點。我拋出第一竿，魚就咬餌了，接下來我突然陷入一場激烈的搏鬥中，感覺上那更像是一尾海水巨獸，而不是大西洋鮭魚。當我終於把魚釣上岸，斯蒂芬鑑定了牠的身分，並解釋原因：這是一尾奧森卡秋鮭魚（osenka）[34]，肥美、亮銀色，而且特別強壯。這是有道理的：再過一、兩個月冬天就會降臨，河水會結冰，

34 編按：指洄游至河流中、且在河流中待超過一年以上才在河中產卵的大西洋鮭魚。

而奧森卡秋鮭魚將在冰下等待和過冬，然後在來年春天完成最後一段路程，並於秋天產卵。即使以鮭魚這種強韌物種的標準來看，這些耐寒的秋鮭魚也是真正的戰士和天生善於突破重圍的生存者。

我與奧森卡秋鮭魚的搏鬥只是我們科拉半島（Kola Peninsula）之旅的眾多驚奇之一，那裡的河流非常遙遠，我們需要搭乘直升機才能到達。搭乘直升機提供了無與倫比的視野，森林和苔原似乎無邊無際地延伸，棕熊和馴鹿在其中奔跑，番茄般鮮紅的苔蘚穿插在熟悉的黃、棕、綠的秋季色調中。我們沿著被無數年的融冰切割出來的山谷前行，這些山谷孕育了小河和溪流，最終流入有時寬達一百甚至兩百公尺的壯麗河川。這還只是秋天的奇觀。在冬天，太陽幾乎不會升起，去破壞深厚的積雪；而在酷熱的夏天，太陽似乎永遠不會落下，為午夜垂釣提供了誘人的可能性。

在波諾伊河上，薄霧如深呼吸般從水面升起，兩旁只有松樹相伴，你會覺得好像不是到了一個新地方，而是完全離開了地球。即使知道這裡對垂釣者來說是個熱門地點，你還是會相信自己可能是第一個在這片荒野中拋出釣線的人。我就是在這裡釣到了一條巨大的雄鮭，牠的魚尾就像人魚的尾巴，古銅色的魚身上可看見一塊塊蒼白、帶紅斑的肉，就像附著在教堂天花板上的文藝復興時期壁畫碎片。

自從斯蒂芬向我要護照之後已經過了十八個月。那是二〇二〇年二月底，和世界上其他人一樣，我的人生也面臨轉變。斯蒂芬原先規劃的神秘目的地是委內瑞拉，但隨著確定的封城逼近，那趟旅行也被放棄了。我們搭上後來證實為離開首都卡拉卡斯（Caracas）的最後一班飛機，我和他一起去了克羅埃西亞，待在他家族的房子裡，原本只預定停留一個星期。由於全球旅行停擺，我們最後在那裡待了兩個月，大部分時間都在杜布羅夫尼克古城（Dubrovnik）內被棄置的教堂和宮殿閒晃。在這片被城牆圍繞、突出於亞得里亞海的半島型土地上，到處都是石灰岩建築和鐵鏽紅色屋頂，我感覺自己與世界隔絕，猶如我在最偏遠的地方釣魚一樣——而且為此感到高興。

那時，我已經開始明白我母親在阿根廷時曾暗示的事。和斯蒂芬在一起，我找到了一個我從不想停止與他交談的人；和他在一起，我有那種知道不會有意外驚喜的安全感。我們已經以朋友的身分熟識對方，我們尊重彼此的工作，我們的生活似乎就像設計好的那樣契合，可以的時候就一起旅行，需要時就各自獨立從事自己的工作。

這是我第一次感覺到，我是跟一個真正理解我的人在一起。當我們遇到一隻刺猬在過馬路時，他會停下車，知道我想把牠移到樹籬下安全的地方。在過去的許多戀愛關係中，我總覺得我必須為自己解釋，好像兩人沒有共同的語言一樣。斯蒂芬是第一個好像完全與我步伐一致的男朋友，而且經常還比我超前一點。跟大多數先墜入情網才逐漸互相認識的戀愛關係不同，我們從一開始就沒有隱藏的秘密或未說出口的真相。

國際旅行的限制解除之後，斯蒂芬跟我一起回到了英國。看到他和瑟橋在一起，儘管他們是第一次見面，卻像是老朋友一樣，感覺像是最後確認了我們做的事情是正確的。

和斯蒂芬在一起也代表著可以把我們的旅行癖結合在一起。那年冬天，就在二〇二〇年的聖誕節前夕，我們置身在呂根島（Rügen）釣梭魚，這個島嶼緊鄰德國東北海岸，是一個有著鐵灰色天空、半鹹水和無情北極風的地方。

對我來說，梭魚是一種純粹為嗜好而釣的魚，我喜歡追逐牠，但絕不會帶別人去釣。梭魚也像是我的剋星：每次去釣梭魚，我都能中魚，可是大魚總是有辦法躲開我。每次我跟斯蒂芬提到這件事，他都會說那我們得去呂根島，那裡的梭魚大量群聚，以包括鯡魚在內的遷徙魚類為食，幫助牠們成長為世界上體型最大的梭魚。如果我想釣到一公尺長的梭魚，我們就必須來這裡。而且必須是在冬季，因為梭魚會在春天產卵季節前游到內陸覓食，將牠們帶入岸邊涉水可達的距離。

我知道這將是我遇過最寒冷的水域，而帶著我的七層衣物和一袋針織毛帽，我以為自己已做好準備。為了在我的收藏中增添一尾個人釣到的最佳梭魚，我已經準備好受一點苦。但是，沒有任何東西能讓我準備好面對十二月的波羅的海：大霧像一塊布籠罩著我，涉水長靴裡的雙腳像冰塊一樣，而風似乎把我戴的任何一雙手套都變成薄紙。更何況這不是在冰冷海洋中的匆匆一遊。三個星期以來，我們幾乎每天都在釣魚，從清晨一直待到夜幕來襲。歷經下雨、下冰雹和下雪。旅程結束時，斯蒂芬的腳趾都凍傷了。不過我們還是繼續涉水，不停地尋找能帶我們找到梭魚的餌魚群。在那些漫長的日子，整個世界彷彿只剩單色調，我試圖在腦中填滿水的深度、毛鉤樣式和拋投動作，同時整個體內卻在嚎叫著抵抗寒冷。

如果需要證明釣魚可能更像是一種上癮而不只是熱情的話，那麼這趟旅行就提供了證據。就像所有偉大的愛一樣，對釣魚的熱愛也很容易從崇拜變成痴迷：這項追求能夠讓人從日常煩惱中解脫，也可能讓人專注到目光短淺的地步，在那個當下，釣到你鎖定的魚變成了唯一重要的事情，而且不管需要多長的時間、天氣有多冷，或者你本來應該去做什麼其他的事。每天晚上，我都會向斯蒂芬抱怨我的手指或腳趾沒有知覺，就算已經離開水面數小時了。然後每天早上，當我們帶著新計畫和新方法出海時，這一切都會被遺忘，我唯一想的只有那條還沒入網的魚。釣獲一尾一公尺長的梭魚的想法已把我鉤住了。

但梭魚還是成功避開了我。我釣到了幾條超過九十公分的梭魚，欣賞著每條魚獨特的蛇皮紋路和數百顆冰柱狀的牙齒，但就是沒有一條達到那神奇的一公尺。

連續釣魚二十天之後，我們不得不回家了，那時連我的決心也被無情的環境消磨殆盡。「我只想再度享受我的生活。」我抱怨地說，牙齒打著顫，在發現自己的話有多可笑時，我笑出來，在空中呼出了一口霧氣。

從更廣義的角度來看，我已經是在享受自己的生活了。今年年初，我獨自在家，剛剛分居，不知道下一步該做什麼。現在，我在各種意想不到的地方度過了這一年，有些是計劃好的，有些不是；我正和瑟橘以及我的新伴侶斯蒂芬、在約克郡的冬天迎接這一年的結束。在體驗過波羅的海的酷寒之後，我覺得約克郡的冬天幾乎是溫和的，我重新找回對環遊世界釣魚的熱愛，並且在新冠疫情的限制下，完成了釣魚學校的第二個釣魚季。

當我們正在準備過一個孤獨的新冠聖誕節時，一封電子郵件寄來：簽好名的離婚文件。在我們分居一年多之後，這段分離正式完成了。這感覺像是一個象徵性的時刻，總結了我至今走過的路，從感到失落和孤單的絕望，困在原本應該是我生命中最有意義的關係中，到一條新開闢的路所帶來的自由，在這條路上，我能去哪裡或做什麼都沒有限制。原先可能是令人憂傷的時刻，事實上卻給了我希望，確定我現在可以放下過去，擁抱已經開始成形的未來了。

09

成立慈善機構，進一步向外伸出觸角

新冠疫情對釣魚學校來說是一大挑戰，不過我們仍然設法成功度過了。我們調整教學方法，以實施社交距離和其他安全措施，甚至還設法提供了一些線上課程。

儘管有種種挑戰，釣魚學校仍持續地成長和茁壯。

我在收拾行李的時候，為我們團隊所取得的成就感到驕傲，也對未來的發展感到興奮。

這次是一趟為期三個月的環繞南美洲之旅，行程中的釣魚勝地包括到巴西釣孔雀鱸（peacock bass），以及回到阿根廷釣海鱒、黃金河虎、褐鱒和大虹鱒。我知道自己有多麼幸運能夠踏上另一趟旅程，造訪我夢寐以求的地方，但是我同時也感到壓力重重、精疲力竭，不記得上次好好停下來是什麼時候，也無法想像何時能再次停下腳步，幾乎對自己的生活狀況感到厭煩。我一度處於興奮狀態，覺得我的生活已回到正軌，事業也穩定了下來。現在卻有一點後遺症，因為我開始把曾經努力爭取的事物視為理所當然，並開始感受到這幾年幾乎沒有停下來休息所導致的耗損。即使在封城期間，我大部分的工作都陷入停頓時，我仍透過成立「癌症與雙魚座」（Cancer and Pisces）來讓自己保持忙碌，這是一個為癌症患者及其照顧者設立的釣魚俱樂部。

我的壓力一定是轉移到了從未離開我身邊的同伴瑟橘身上。牠就像一名小哨兵，無論在家裡還是河岸上都陪伴著我。但是現在，牠比往常更黏著我，當我在公寓裡四處走動收拾不同的裝備準備打包時，牠都會跟著我從一個房間走到另一個房間。牠以前見過這些大袋子，知道它們代表我們很快就要分開。一如往常，我不在家的時候，牠會去住在很愛牠的朋友們家，牠也認識這些朋友們的狗。離開牠讓我很難過，但我安慰自己，牠在一個熟悉的家裡會很安全快樂。我一有空就抱著牠坐在沙發上，試著安慰牠那與我一樣的焦慮。

就在我即將出發前，我來到倫敦參加「癌症與雙魚座」的信託人會議。我的注意力被拉到各種不同的方向，一邊想著最後一刻的準備工作，一邊還在考慮開車南下的路程及隔天晚上的活動。更糟的是，我抵達乾洗店時發現，因為我把衣服放在那裡超過了一個星期，他們已經把衣服捐出去了。去倫敦的路上，我花了一半的時間跟我媽媽抱怨這件事，她是要陪我去參加晚宴的，她很不高興，因為丟失的衣物中有一件是她的古董衣。當我們抵達南倫敦，把車停在一條安靜、燈光昏暗的單行道上時，我的心情才稍微好了一點。我下車去拿行李，通常會等我叫牠的瑟橘，竟從我打開的車門溜了出來。媽媽及時攔住牠，把牠放回車內，但不知怎的，當我們忙著在整理那堆行李時，牠又溜了出來。媽媽問我瑟橘在哪裡，我說我以為她把瑟橘放進車裡了，而就在我們開始喊牠的名字時，事情發生了。

自從我們抵達之後，這條街道一直是空無一人的。只有幾盞路燈，沒有經過的行人或車輛。但就在那時，一輛車突然憑空出現，就像夢裡的凶兆。它的車速很快，我記得當它經過我們身旁時我還閉上眼睛，彷彿想讓我不要看見我知道可能會發生的事。接下來，我聽到幾乎是輕輕的「砰」一聲。那輛車在幾秒鐘之內就疾馳到街尾，我聽到瑟橘發出一聲短促而尖銳的吠叫，就像鋸子碰到金屬的聲音。

突然間，街道不再安靜。我追著瑟橘跑，大喊著牠的名字。牠也在跑，看不出明顯的嚴重受傷跡象。有人出現在路的盡頭，我大聲呼喊，請他們阻止瑟橘跑得更遠。最後我到了瑟橘身邊，找了個安靜的地方讓牠躺下。我慌忙地用手撫摸牠的全身，尋找出血的地方，但只摸到牠腹股溝上的一個腫塊。瑟橘完全沒發出聲音。通常，無論是快樂或痛苦，牠對即使是最微小的事都會瘋狂反應。我從未見過我的狗安靜過。

當瑟橘安靜地躺著時，我們周圍的景象逐漸變得忙碌起來。人們從屋裡走出來，帶來毛毯，打電話給當地的獸醫，看看誰離得最近而且還在看診。還有近乎奇怪的對話片段——一名男子走過來問這是不是一條友善的狗，而我聽見自己說我不知道，因為我不清楚牠傷得有多重。不知什麼時候，那輛汽車的駕駛出現了，他問狗的狀況是否還好，然後還說他實際上沒有開那麼快。雖然事後我曾想過很多次自己當時可以對他說什麼，可是在那一刻我什麼也沒說。我沒有指出他開車有多麼魯莽，或是他的辯解聽起來有多像撒謊——說碰撞後因車速太快而無法停下，居然還能認為自己的車速在時速二十哩的限制內。我跟我的狗一樣，處於一種幾近沉默的驚慌狀態，我完全專注在瑟橘身上，並且意識到再多的尖叫或指責都幫不了牠。瑟橘也耗盡了牠平常充沛的活力。我們倆似乎都明白事情有多麼嚴重。

在這個眾人圍觀的奇特場面中，時間似乎無限地延長，但實際上，我們在事發後二十分鐘內就把瑟橘帶回車上並抵達獸醫診所。獸醫用溫和的澳洲口音告訴我，主要的問題是頭部撞擊造成的腦部傷害；牠的血壓正常，也沒有骨折。但是一隻眼睛的反應比另一隻慢，而且不尋常的是，他的一小塊舌頭從牙齒之間伸出來。他說接下來的十二個小時非常關鍵：如果瑟橘能撐到早上，牠活下來的機會就很大。

自從瑟橘被撞以後，我一直處在一種詭異的冷靜狀態，不過當我在與診所的接待人員交談時，我開始情緒不穩。震驚逐漸消失，取而代之的是開始湧現的無數問題。這是怎麼發生的？為什麼我沒有看緊牠？為什麼我沒有在車裡準備一個籠子讓牠能安全地旅行？那名接待人員以一種熟練的溫柔態度安慰我：沒有人能夠一直注意自己的狗；牠們總會悄悄掙脫牽狗繩、跑在主人前面或從開著的門跑出去。有時意外就是會發生，你無法避免。

在被告知不能陪瑟橘到動物醫院過夜後，我不情願地回到我們借宿的朋友家，並與朋友的家人一起坐下來吃晚飯。我試圖讓自己保持鎮定，內心卻陷入恐慌，腦海中一遍又一遍地回想著整件意外，不停問自己：我當時可以或應該採取什麼不同的做法。我可能會失去瑟橘的念頭，在幾個月前牠經歷一次嚴重過敏期間曾短暫閃過我腦海，此刻猛烈向我襲來。

我不需要忍受等待的痛苦太久。晚餐還沒吃完，我的電話就響了，我立刻就知道那一定是什麼。瑟橘勉強撐到了醫院；牠在被抬進門的時候突然癲癇發作，死於腦溢血。電話裡溫柔的聲音說：「我們什麼也幫不了。我很抱歉。」

瑟橘並不是我第一隻愛過然後失去的動物。但我不可能有任何心理準備，去面對牠從我身邊被奪走的過程、牠死亡的方式或時間點。雖然當初是我援救了瑟橘，但我始終覺得，我們關係中的真實情況是牠救了我，牠的腳印不可磨滅地深印在我生命關鍵的那幾年。牠在我人生經歷最重大的轉變時走入了我的生命；然後，當選擇結婚所帶來的後果逐漸浮現時，牠用只有狗才能給予的無言的忠誠來安慰我。牠是我的夥伴和守護者，無時無刻不執著地待在我身邊。在漫長的旅途中，在深夜和清晨，在家裡和在路上，瑟橘總是在我的身邊，總是完全地做牠自己，總是瘋狂地關注著我。我每次釣獲一條魚，牠就會瘋狂地吠叫；在剛激烈追逐一隻松鼠卻徒勞無功之後，牠會毫不猶豫地跳進湍急的河中，游過河面，重新回到我身邊。在我離婚後最黑暗的日子裡，當我近乎變得偏執地想著別人會怎麼看我時，與瑟橘抱在一起是我能安慰自己的少數方法之一。牠陪我經歷過多次搬家、一場婚禮和一次離婚、事業上的起起落落，還有數不清的短程旅行，到全國各地探望那些幾乎和我一樣愛牠的朋友們。

我每天都會想到瑟橘，無法相信牠已經離開。閉上眼睛，我依然能看到牠躍出河面的身子，水從牠黑黑的鼻子上滴下來，吠叫著跟我打招呼——牠是一個快樂、慷慨的靈魂，活出了自己最精彩的生命，並為我的人生帶來了更多我不曾想像過的一切。

大西洋鮭魚的史詩之旅

如果任何釣魚圈之外的人，對野生鮭魚的生命週期有一部分的認識，那個部分應該就是「洄游」（'run'）：牠旅程中最後一段的逆流路程，讓牠回到其出生的產卵場，其中還包括了當鮭魚奮力對抗水流以完成生命目標時、那吸引觀光客的躍過瀑布的景觀。然而，「鮭魚迴游」這個概念本身，其實隱含了一連串與這段馬拉松旅程的終點階段並不相符的事[35]。在現實中，逆流而上的遷徙過程並不快；需要花費許多個月的時間，而且分為幾個不同的階段。這不是一場比賽，因為縱然鮭魚會為了繁殖而互相競爭，但牠們也遵循著由眾多內在因素所設定的路徑，這些因素與同儕無關。這也並非單一的現象；有些鮭魚在春天就進入牠們出生的河流，比繁殖期提早了好幾個月，而其他鮭魚則在夏天和秋天陸續跟進。

就像鮭魚生命週期的所有其他面向，洄游是一個複雜且經過大量研究的現象，具有高度的變化和不確定性。有些「早發」的河流，可預期鮭魚會在春季的月份間開始洄游；有些「晚發」的河流，通常要到九月和十月才會看到魚群。還有許多兩者之間的河域，有些水域一整個季節都會看到魚群返鄉。洄游的時機和持續時間，可能取決於河流的長度和水流量、鮭魚的遺傳傾向，以及牠們在海上度過的時間長短；那些在海上度過多個冬天的鮭魚，通常會比那些只在

35 編按：此處指的是與英文的「run」（奔跑）這個字義不同的事。

海上度過一個冬天的產卵鮭提早開始回鄉的旅程。潮汐形式、陸域風力、荷爾蒙指數、水溫和日照時間，都會影響鮭魚決定到底何時開始踏上最後一段的關鍵旅程。

記憶、嗅覺和磁場幫助鮭魚回到牠的起點，這種精確無誤的確定性，正是此物種的特徵。鮭魚的目的很明確，牠的導航能力幾乎是驚人地可靠。然而，儘管鮭魚有著頑強的確定性，但返回熟悉的淡水，通常不會促使牠急於逆流而上。尤其是在春季和夏季返回河川的鮭魚，需要等好幾個月，直到水溫夠低，適合繁殖，而最快也要等到十月。許多鮭魚會趁機在產卵場下游的深潭中「休憩」。在這裡，牠們成了垂釣者眼中謎樣的獵物，這些垂釣者著迷於如何吸引一條不需要覓食、也沒有動機浮上水面咬餌的鮭魚的興趣。牠們正在從迄今為止的旅途壓力中恢復體力，同時也在休息，準備迎接前方的艱辛努力。儘管牠們已經走了這麼遠，但牠們努力的最終成就仍在前方。

天空灰濛濛地籠罩著史雲頓的樹林。二〇二二年春天，北方釣魚學校邁入第四個釣魚季，一群賓客在教練查理身旁圍成一個半圓，看似是平常的一天。但這並非只是另一群學生，混雜著新手與一些以前釣過魚的人。這是另一個新的開始，一項已籌備超過一年的計畫。儘管陽光明顯不足，但當我們在草地上放好目標，進行一連串的拋竿練習，最後開始釣魚的時候，我卻認為我從未見過這個地方如此美麗。

這是「癌症與雙魚座信託基金會」（Cancer and Pisces Trust）的第一次聚會，這是一年多前開始的一個想法。那時我收到了一本書，是米克・梅（Mick May）的回憶錄，他是一位城市裡的金融專業人士與毛鉤釣手，已與間皮細胞瘤共處了將近十年，這是一種影響肺部內膜的癌症，中位存活期（median survival time）只有十個月。他撰寫了這本書，講述釣魚如何成為他主要的治療方法之一，而我們採用了這本書的書名作為這個慈善機構的名稱。

他所寫的關於釣魚的每一個字，以及在面對生命中難以承受的事件時，釣魚能為人帶來的平靜，對我都很有意義。我開辦這所學校，是因為我想讓更多人體驗到垂釣的喜悅與寧靜，而把這件事延伸到處於生命低谷的人身上的想法，也立刻引起我的注意。此外，釣魚對癌症患者在生理和心理上的益處已得到充分證實：拋竿的動作是重建背部和手臂肌肉張力的好方法；從事垂釣能占據你全部的注意力，以致心無旁騖；而釣魚本身就能提供一個交談的平台，讓身患重病的人可以分享心事，以及提出那些在水邊手持釣竿時可能更容易說出口的艱難問題。

米克的書打動了我。它表達了我所知道的關於垂釣能使人獲得安慰和意義的一切，以及身處大自然、培養一項精準的技能和感受釣魚上岸的喜悅這三件事的神奇組合，能如何照亮靈魂，這是其他任何事物都無法辦到的。從一開始，與他人分享這一切就是我的動力之一，這可以一路回溯到我在綠園舉辦釣魚課程時，當時業界沒有人認識我，我也沒有任何教學資格。我垂釣生涯中最重要的每一步都是源自這個動力，從讓自己通過拋投教練考試，讓我能成為最好的垂釣嚮導和老師，到成立釣魚學校，讓我能把喜愛釣魚的人和其他可能是第一次體驗釣魚的人聚集在一起。現在，我逐漸把重心轉向外界，思考我可以利用自己的平台和事業來實現什麼，以及我可以如何實現最初傳播垂釣福音的使命。釣魚固然美妙，可是你必須了解它才能愛上它，而對許多人來說，它似乎太複雜、太難以親近，以致不會考慮嘗試。人們以為，你必須是某種特定類型的人——安靜、有耐性和喜歡沉思——才適合釣魚。事實上，釣魚同樣歡迎外向的人，而且，儘管確實需要一點耐心來熟悉基本的技巧，但垂釣本身絕非緩慢和穩定的：你要不斷思考該往哪裡拋投、是否要替換毛鉤，以及剛剛是否看到了魚兒游過水面的蛛絲馬跡。你的思緒永遠不會停止轉動。不過，釣魚的老派形象很難擺脫，而我一直希望自己在這個行業所做的每一件事，都能打破這個成見，並鼓勵人們嘗試釣魚。

利用學校做為基地，為癌症病人和康復者舉辦釣魚日活動，感覺像是個進一步實現這個理想的機會，也能盡棉薄之力回報釣魚曾帶給我的幫助。在我還沒有完全考慮到成立這樣的組織會牽涉到什麼工作，甚至在我讀完米克的書之前，我就已經和他在電話中談起這件事了。

成立一個慈善機構涉及各種的要求，意味著儘管我們進行得很快，但這個二〇二一年初成形的計畫，還是要等到隔年的釣魚季才能正式啟動。在那個灰濛濛、美麗的五月早晨，當我們歡迎第一批「癌症與雙魚座」的釣魚團體時，這擠在一起的十幾個人，感覺遠遠不只是另一群學生。他們是我們希望能體驗到釣魚神奇力量的許多人中的第一批人，這股力量或許在它能轉移人們對生活中最糟糕的事情的注意力時最為強大。釣魚活動沉浸式的特質——其獨特的起伏、喜悅與挫折、內省與社群的結合——能夠提供一種很少有其他活動能提供的逃離。

雖然我們在開始工作時充滿了溫暖的感覺，但是活動開辦這一天，也因為米克本人的缺席而格外令人感傷。前一年冬天，我們正在進行最後的準備工作時，他的健康狀況一直在惡化，即使如此，他仍持續投入這項計畫。三月的第一個星期，他在家中與世長辭。曾面對被診斷出可能只能活一年的現實的他，形容這近十年是他生命中最美好的歲月。

沒有人比米克更能宣揚釣魚在喜愛它的人生活中的深刻意義：釣魚不僅是一項運動消遣，更是一連串註定永遠無法完成的個人旅程——尋找下一次的釣獲、完美的拋竿動作、個人的最佳紀錄、尚未探索的河流，以及最重要的，當魚咬鉤時釣線繃緊的那種感覺。那種令人陶醉的感覺，會把你拉回去追尋另一次的中魚。透過「癌症與雙魚座信託基金會」，我們希望鼓勵人們像之前的許多人一樣，能夠發現當你站在水深及腰的水中、手持釣竿時，生命的喜悅可以更豐富，人生的考驗可以更容易應付。

大西洋鮭魚的史詩之旅

鮭魚的代表性形象，出現在其橫跨大陸的遷徙接近尾聲時。為了到達河川的高處，也就是主要的產卵場，牠們必須先克服河川最可怕的地形障礙，其中最主要的就是瀑布。這似乎是個荒謬、不平等的比賽：幾公尺高的陡峭岩石，對上一條只有幾十吋長的魚，而且並沒有明顯的生理特徵可以幫助牠向上彈跳。

然而，鮭魚已經游過數千哩，也經歷了許多風險，不會因為需要做特技飛行而氣餒。返回出生地的迫切感，一路驅動牠走了這麼遠，現在牠要用這個決心來克服最後的難關之一。長年於水中游行的鮭魚，現在必須在此關鍵時刻展現牠有能力飛行。利用瀑布向下衝入水潭所產生的上升水流，鮭魚瘋狂拍動尾巴，推動自己，就能跳到十二呎高的空中。如果失敗，被沖下的水流擊退，鮭魚會再次嘗試，休息一下再跳，直到完成任務。

對那些飛躍成功的鮭魚而言，這抵抗地心引力的一躍，是最後一次展現定義其生命的決心和反抗精神。大自然似乎是在嘲笑那些鮭魚，牠們跋涉千里而來，卻面對著看來無疑是難以逾越的阻礙。然而，鮭魚這種非凡的生物，已被訓練好為生存而戰，面對壓倒性的失敗率仍被迫前進，對此毫不在意。牠繼續朝著自己的起點邁進，雌鮭挖掘產卵床，雄鮭在決定繁殖權的階級中爭奪自己的位置。

產卵是生命旅程的高潮，卻不一定代表結束。在產下數以千計的卵的過程中，雌鮭可能會減輕超過五分之一的體重，也可能會活下來成為回頭再完成第二次遷徙的產後雌鮭，甚至在罕見的情況下，會完成第三或第四次的遷徙。那些顯著的鱗片紋路，是這個堅韌物種的終極生存者的標誌，牠們可以活上十幾年，一次又一次地從河流游到海洋、再洄游返鄉。產後雌鮭不僅活到下一個季節並再次產卵；牠們在物種的繁殖上也扮演著極為重要的角色，貢獻的產卵量比例，高於牠們在鮭魚族群中的數量比例。

即使大多數的鮭魚在產卵後會因疲憊、疾病和遭遇捕食而死亡，但牠們的生命故事並未完全結束。牠們腐爛的屍體有助於促進產卵場中的昆蟲滋生，從而為下一代供給食物來源，而牠們將來不及親眼見證這些後代自產卵床孵化。河流收回了屬於它的一切，在無盡的生命循環中，另一個循環又開始轉動。即使死亡，鮭魚也為牠一生所致力的目標做出最後一次貢獻：延續其物種的生存。

10

那些釣魚教會我的事

在巴西北部的阿瓜波亞河（Agua Boa）上，你似乎來到了離世俗煩惱最遠的地方。這條亞馬遜河的支流，彷彿切入沙岸的一塊波光粼粼的玻璃，四周樹木掩映，只有樹上的鳥發出的尖叫聲、喀嗒聲和嘰嘰喳喳聲擾亂這片寧靜。彷彿是在巴西雨林的大鍋子裡注入了平靜碧綠的水。河水中穿梭著一種與之相稱的美麗魚種：孔雀鱸，牠金褐色的皮膚上裝飾著各式各樣的紋路——寬條紋、斑點、細線條和圓點，代表不同的品種。這種魚也會帶著與其外表相稱的驕傲進行搏鬥——跳躍、奔逃、扭動，雖為河流的生物，卻有著海魚的敏感性。

在這個地方追尋孔雀鱸，是我長久以來的願望；當斯蒂芬和我計劃這趟沿著「南美脊梁」（安第斯山脈）而下的旅行時，這幅畫面變得愈來愈清晰。可是現在我們人在這裡，我卻無法沉浸在這本應感到全然被包圍的環境中。在划過清澈河水的船上，我的思緒還停在那燈光昏暗的倫敦街道，聽到汽車發出的尖銳摩擦聲，我的狗孤獨的哀鳴，以及電話中獸醫溫柔的聲音。

我們已經為這趟旅行打包好了行李，但是瑟橘死後，我不知道是否還能夠或應該去。但在那一刻，沒有比回到約克郡的家更糟的想法了，那棟房子的每個角落都存在著關於牠的回憶，而我知道我只會坐在裡頭，盯著打開的門，等牠小跑步地穿過它們。

我知道我應該去釣魚，也很想去釣魚，但是在漫長又黏膩炎熱的白天，我經常發現自己很掙扎。就像推開最喜歡的餐點一樣，我無法面對河水，無法集中精神在清澈的深水處追蹤孔雀鱸，或讓自己擔心是否綁上了正確的毛鉤。斯蒂芬時不時地會把釣竿放在我的手裡，我也會接著拋竿，可是我並沒有進入釣魚模式；我無法全心投入去追魚，也無法讓水填滿我的思緒，把其他一切都排除在外。釣魚常常是我所需要的療方，但失去瑟橘的時間太近、刺激太大，即使在這個僻靜的地方，我也無從躲避。

隨著旅程的行進，我們的釣魚地點愈來愈偏遠。在從巴西南下前往阿根廷前的最後一天，我們從瑪瑙斯（Manaus）郊外的旅館走向上游，一路穿過樹林，到達一個潟湖，那裡感覺就像一座雨林的秘密花園，清澈的水域裡有很多孔雀鱸和紅尾鯰魚，後者的魚身上方有豹紋，下方呈乳白色，長長的鬍鬚就像迷你的海象獠牙。這裡是我見過最迷人的釣點之一，我們用目視釣法，將毛鉤精準地拋向浮上水面的魚兒，當牠們試圖逃入叢林的隱匿處時，我們也緊緊跟蹤。孔雀鱸對聲音的反應是出名的靈敏，只要將毛鉤餌落在水面，幾乎就能保證魚會咬鉤。在短短半天內，我們就釣獲並釋回了八十多條魚，每一條都有自己獨特的花紋。然而，即使沉浸在這份拋投、上鉤和搏魚的狂熱中，感覺好像每隔一分鐘就中一條魚，我還是無法不想到瑟橘。牠與我的釣魚生活如此緊密地結合在一起，以至於在水上不可能不感受到失去牠的痛苦。我唯一能想到的就是，我再也無法感受到牠的存在了，當我打包行李要離開時牠那期待的表情，或是當我把鱒魚或鮭魚捕入網時牠那認可的吠叫。瑟橘在活著的時候，如此虔誠地陪伴在我身邊，如今卻成為如影隨形的回憶，伴著我努力去接受牠永遠離開了我的事實。

當我們在巴塔哥尼亞的侏羅紀湖（Jurassic Lake）釣世界上最大的彩虹鱒魚，以及在巴拉那河上游（the Upper Paraná River）追逐巨大的黃金河虎時，我不曉得有什麼能改變我的心情。但是，當旅館的老闆隨口提到他們的狗剛生了小狗，並問我們是否想看一看的時候，我立刻有了某種感覺。看到這些像金黃色、黑色和棕色的小網球，眼睛都還沒有睜開的新生幼犬，給了我幾個星期以來第一次純粹的快樂。接著我看向那隻狗媽媽，在酷熱的天氣下，牠因生產和餵飽小狗而筋疲力竭，看起來需要照顧的是牠。很快地，我每天早上起床後、晚上從河邊回來時，都會去探望牠們。

在失去瑟橘之後，我本來不應該這麼快就再和其他狗狗相處，可是我從這些小狗的美麗純真當中找到了安慰，看著牠們的媽媽照顧牠們，感覺彷彿大自然正在彌補它失去的某一部分。雖然依附於旅館，但這些狗其實是愛到哪裡就到哪裡的流浪狗，而狗媽媽肩負著保護幼犬的困難工作，要避開在這片區域徘徊的巨型蜥蜴。狗媽媽會挖洞讓幼犬待在裡面，並且不斷地把幼犬移動到周圍建築物的下方。在此之前，我不可能知道這就是我所需要的，但有東西可以照顧，每天早上給狗媽媽帶食物和水，輕撫牠溫暖的金色毛髮，終於成功地讓我的心思不再繞著瑟橘打轉。

有一天斯蒂芬與我一起去看狗。「妳何不帶一隻回家？」他問道。這個主意讓我大吃一驚：儘管我花了這麼多時間和這些小狗相處，當我第一次看到牠們睜開眼睛時，感到無法克制的喜悅，但我從來沒有想過要領養一隻。如果我考慮太久，我可能會拒絕，擔心這麼快就想用別的狗取代瑟橘的內疚感，會在我嘗試與新小狗建立關係時悄悄爬上我的心頭。然而在那一刻，帶走一些瑟橘離開後這幾個星期以來我唯一能找到的快樂，感覺是對的。獲得旅館主人的同意後，很快地我們就開始查詢把幼犬一起帶回英國的規定。我一開始挑的是這一窩裡最弱小的那隻，因為我看過狗爸爸的體型有多大。可是牠卻失蹤了，推測是成了常見的蜥蜴的受害者。所以我們選了另一隻，體型大一點，但身上有類似的紋路，鼻子周圍的黑斑後來幾乎覆蓋了牠半張金褐色的臉。這隻小狗跟著我們踏上了下一段旅程，並一起住進了我們在布宜諾斯艾利斯租的公寓。

在那裡，牠讓我想起了當一隻幼犬家長是怎麼一回事。牠很開心地開始摧毀精心布置的前院，用牙齒咬碎所有美麗的植物，把泥土從花盆裡翻出來，然後撒滿幾乎每一吋石板路。牠至少沒有辜負牠的名字「帕庫」（Pacu）：這是一種與食人魚有近親關係的魚，擁有與食人魚相當的門牙。我們很快就意識到自己做了什麼選擇：我選的是那一窩裡最小的那隻，可是牠卻愈長愈大，直到逼近斯蒂芬而非我的體型，牠熱愛每一場玩耍打鬥，以及撿回每一根扔出去的樹枝。

有一部分的我害怕面對把牠帶回家的那一刻，以及牠會開始占領曾經屬於瑟橘的地盤。但儘管替換我最心愛的狗的想法感覺是不對的，我也清楚身邊有個空位會是更糟糕的感受。世上再也不可能有另一隻瑟橘——牠溫柔的靈魂、無時不刻的關注和無限的溫暖，令人覺得牠簡直是人類。不過我們一回到家以後，帕庫很快就找到了自己在河岸上的位置，守護在我身旁，對捲線器發出的尖銳聲響做出反應並緊緊盯著魚不放，就像瑟橘一樣。回到我最了解的水域，帶著有一隻狗忠實陪伴在身邊的熟悉感，我終於可以展開療癒的過程。

時間還很早，但是陽光照在我的右臂上，讓我全身充滿暖意。昨晚我們外出時，天空是粉紅色的，鱒魚冒著氣泡浮上水面，捕食大量孵化的昆蟲。在朦朧晨光中，同樣的水域看來顏色混雜，深褐色的水面冒著白色的小氣泡。這樣釣魚有一種神聖的感覺：在一天剛開始的時分，獨自和我的狗在一起，所有的可能性都完好無缺。

河水很低、平靜且光滑，露出河道上散布的許多長滿青苔的巨石。帕庫坐在其中一塊巨石上，將鼻子探到水面下撈出樹枝，滿懷希望地朝我的方向揮舞。現在不是玩耍的時候。雲層低垂，將我的手臂重新籠罩在陰影中，卻也燃起了希望，或許在這一天正式開始之前，可能會從河裡釣到魚。灰濛濛的天空令垂釣者歡喜，會把魚兒從陽光驅使牠們去躲藏的藏身之處引誘出來。水流從左至右、再往左蜿蜒而行，穿過為鮭魚和海鱒提供現成休息場所的石頭。

我沿著河邊雜草叢生的步道前進，聞到野蒜的味道，除了河水向前奔流的聲音和棲息在看不見的樹枝上的鳥鳴，什麼也聽不到，很難相信紐卡斯爾（Newcastle）離這裡只有二十多哩遠。我眼中所及的一切都是不同層次的綠色。我聽到的每一個聲音都來自大自然。最棒的是，等我從頭到尾沿著這個特定河段垂釣過後，就會回到我的家。

早在我和斯蒂芬決定搬到泰恩河（River Tyne），在河岸附近定居之前，我就已經常在泰恩河釣魚，對這條河非常熟悉。更正確地說，這條河是北泰恩河，河水顏色更深、岩石更多，跟赫克瑟姆鎮（Hexham）開始的南河段幾乎截然不同。事實上，泰恩河可以算是蘇格蘭的河川，其最初幾哩都是緊貼著蘇格蘭的邊境流淌，然後才開始南下。也許正是出於這層關係，讓我們從來到這裡的那一刻起，就有了家的感覺。我父母離婚之後，我母親搬到北邊的蘇格蘭，部分原因是她非常喜歡釣鮭魚。現在我也做了類似的決定，離開約克郡，離開那段婚姻踉蹌、失敗的回憶，在水邊和靠近鮭魚的地方，開始我人生的下一個起點。

是鱒魚讓我第一次不自覺地進入釣魚的節奏中，當時在湖邊與母親和哥哥一起，感受到第一次魚兒咬上我的毛鉤時的腎上腺素飆升。但真正深入我心的卻是鮭魚。看著一條網中的鮭魚，不只是要驚嘆牠的力和美，更是要去意識到垂釣者和魚之間的一種交融：兩個擁有各自生命道路的生命體，因命運和機緣讓他們在那一天相遇。

無論我造訪過世界上哪些地方，或曾想去釣什麼奇特的魚種，我總是渴望回到鮭魚的身邊，這種魚永遠不會交出牠的秘密。我知道破解大西洋鮭魚之謎的喜悅永遠不會消退，我也永遠不會忘記這種魚的意義；每次釣獲鮭魚，都會讓我立即回想起之前釣獲的所有鮭魚。每當我釣到一條鮭魚，我就又變回十一歲，當時我決定把我的第一條鮭魚放回水裡。二十一歲時，我釣到斯佩河的「銀條」，那條魚似乎為我指明了一種新的生活方式。現在我三十歲了，在俄羅斯的科拉生態保護區，因奧森卡秋鮭魚的洄游而感到震驚和激動，牠提醒了我，儘管我已經擁有豐富的釣魚經驗，世界上仍有很多我尚未遇見過的景象。

鮭魚繼續帶我到新的地方，開啟新的體驗。今年，與我第一次主辦釣魚之旅相隔近十年之後，我首次有機會到國外擔任釣魚嚮導（而不只是主辦人），地點在冰島的東藍加河（East Ranga River）。我習慣了在英國的河流上為客戶擔任嚮導，在那裡看見鮭魚跳躍是一件大事，而在冰島工作幾乎是感官超載的體驗。這個國家以鮭魚洄游的河川聞名，其中魚量最豐富的釣點之一就是東藍加河。我所帶領的隊伍釣到一條又一條的鮭魚，有些人還是第一次體驗到釣魚上岸。

更特別的是，那次旅程的尾聲，帶我到了冰島國土的另一端，向北幾百哩外的大拉克薩河（Big Laxa River）。一家旅館聯絡上我，他們的故事讓我很感興趣：在冰島最重要的鮭魚河川之一，他們的見習嚮導大多數都是女性。而且她們都來自同一個家族；那是一個代代相傳的傳統，包括傳授給旅館主人十幾歲的孩子們。聯絡我的是阿利，他正在拍一部關於女性垂釣者的電影。他問我是否願意參與？不需要再次邀請我就欣然答應，我一抵達機場，迎接我的就是旅館老闆阿爾尼和他十四歲的女兒歐絲蘿。翌日，歐絲蘿將會為我帶路。

第二天早上，當我們上船時，我還在想，我是否該主動說要划船。但是很快地，看起來瘦小的歐絲蘿就把我們向前推進了兩百公尺，到達特定河段的尾端，離鄰近的瀑布不遠。我環顧周遭環境，不知何故，這裡感覺既荒涼又親切，河岸一側緩緩向上斜升，當我們涉水而入時，感覺河水寬闊又充滿希望。然後，歐絲蘿用清晰而自信的聲音指導我，將毛鉤拋至瀑布正上方，進入水流較緩慢的水域，登高後疲憊的鮭魚會在那裡休息。我拋投了好幾次，看著毛鉤在水面上掃過，經歷了一週的豐收，我幾乎理所當然地認為一定會有魚兒上鉤。但卻一條都沒有，我可以感覺到我的年輕嚮導的失望。這是她第一次獨自擔任嚮導，努力在幫人釣到一條鮭魚，而我迫切地不想讓她失望。

無論怎麼引誘和拋投，魚兒都沒有任何反應。這條壯麗的河流以其生氣勃勃的產卵鮭與在海洋度過數個冬天而長得碩大的鮭魚聞名，此刻卻顯得平靜無波。最後，我們開始涉水返回小船，雖然這次的冒險毫無成果，我們還是露出笑容。我就像平常一樣把釣竿背在肩上，讓魚線和毛鉤在我身後的水中漂來蕩去，只是以防萬一。突如其來的咬餌讓我感到異常的震驚，畢竟我根本沒有在拋投，而只是讓毛鉤在水中被我拖著走，但鮭魚剛好就在我們行經的路徑下方，線本身就已經是繃直的了，所以當鮭魚一咬餌時，我根本不需要刻意揚竿，歐絲蘿毫不猶豫就拿著撈網走過來。在她謹慎又堅定的態度中，我看見了自己的影子，那一刻深深觸動了我。女性一直是釣魚歷史中的一部分，但這項運動的未來，應當且肯定會比以往有更多女性的參與。

在美國，女性垂釣者已擁有顯著的地位，女性釣魚嚮導的比例也大幅提高。透過我代言的戶外用品品牌YETI，我認識了許多了不起的女性，她們都是釣魚高手，追逐的魚種從鱒魚、鮭魚，到鋼頭鱒（steelhead）、大嘴黑鱸和銀鯧都有。我自己也有了到美國釣魚的機會，這是從我兒時到緬因州度假挖蛤蜊以來的頭一遭。目的地是路易斯安那州的威尼斯（Venice），目標是紅鼓魚（redfish），一種北美才有的巨大沼澤生物，形狀像海鱸魚，力氣像野生鯉魚一樣大。牠們低頭覓食時，尾巴會露出水面，露出獨特的黑點，據說這黑點像是一隻眼睛，可以讓掠食者誤以為尾巴就是頭部。

在威尼斯，你處於密西西比河（Mississippi River）最南端公路可達的地方，也是在大河之路（Great River Road）的終點，而這條公路是從北方三千哩遠的明尼蘇達州（Minnesota）開始的。這個小鎮自稱是「墨西哥灣的門戶」（Gateway to the Gulf），當地人和導遊有時稱它為「世界的盡頭」。越過威尼斯後，只見港口、小海灣、鑽油塔和五百三十哩的海水，直到你到達霍爾博克斯島，度蜜月時我曾在那裡釣過大西洋海鰱。

乘著小船在河上，我釣獲兩條美麗的紅鼓魚，這提醒了我，我永遠沒辦法看遍世上所有河川和海洋蘊含的寶藏，甚至連一小部分都沒辦法。

像威尼斯之行這樣的旅程令我興奮，但在漫長的一週結束時，感覺到長時間在水上垂釣所造成的肩膀痠痛，體會過每一個釣獲和失去的時刻，我渴望的是回家。現在更是如此，我一心想回到諾森伯蘭郡，因為泰恩河就在附近。當河流應用程式告訴我水位剛開始上升，或是水位會下降到理想的高度，天空雲層籠罩，天氣將變得溫和的時候，我可以在幾分鐘之內到達水邊，善用可能只存在一小時、下一小時就消失的環境條件；也就是當垂釣者和鮭魚之間的天平稍微傾斜至對追逐者比較有利之際。即使我知道當天無法出門釣魚，我還是會查看天氣和評估情況。如此接近河水及鮭魚，讓我在釣魚季期間每天早上醒來時都感到興奮。光是想到那天我有可能會釣到一條鮭魚，就令人心滿意足。

我一直想知道，住在一條絕佳的鮭魚河川附近會是什麼樣的感覺。現在我知道了。泰恩河並非一直都是如此：工業革命後的一個多世紀以來，周圍的工廠、精煉廠、礦場和磨坊吸走了水中的氧氣，並將化學物倒入水中；其中包括氰化物、砷、鉛和汞。重工業的作業將河水抽出，再將加熱過的水排回河川。這條河對所有生物來說，都變成一個惡劣的環境，在一九五〇年代末被宣告為「生物性死亡」。但現在，每年都有數以萬計的鮭魚回到泰恩河水域。鮭魚孵化場的存在，以及為改善水質所做的大規模工程，已使泰恩河重返歷史的地位，成為遷徙洄游魚類生氣蓬勃的家園。河流與人類一樣，只要給予機會，就能展現韌性。

搬到這裡並不是一個容易的決定，但我知道該是離開約克郡的時候了。離婚後我留下來，是因為我不能在釣魚學校感覺還像個脆弱的新生兒時離開它。但是現在，我們的釣魚學校已經邁入第五個釣魚季，有一群成熟的嚮導和一位盡心負責的經理，而且每年都有數百人前來學習釣魚，它不再需要我如此近距離的關注。建立和發展學校的工作永無止盡；每年都會有新的挑戰和一些額外的投資需求，這些都提醒我，這不是一個可以發財的行業。不過我不再覺得只要我稍不留意，學校就可能不明所以地消失。

拉開距離也帶來新的視野。多年來，我實際上是住在商店的二樓，沉迷於我的工作，因為努力工作感覺是保證生存的唯一方法。每張學生第一次釣到魚的照片背後，都隱藏著不那麼美好的的現實：努力工作、妥協，甚至犧牲。這所學校是我經歷無數的深夜和漫長的白日擔心它是否能順利起步的心血結晶；然後，等它起步了，又憂慮它是否能成長並永續發展。電子郵件、計畫試算表和預算就像釣竿、捲線器和毛鉤一樣，成了我生活的一部分。當你沒有賺錢時，例如在創業初期，每項支出都會使你感到不安，儘管你知道那是你正在努力打造的未來的必要投資。

離開約克郡幫助我鬆開了那些自我束縛的枷鎖。工作和其他生活之間有了更多區隔，我有更多的時間去追求新的興趣，例如自己綁毛鉤。有更多機會在那些難得的清晨時分，除了水和魚、我要用的毛鉤及我的拋竿流程之外，不用去想別的事。只有純粹為了釣魚而釣魚的機會：沒有客戶需要指導，也不用擔心我要在社交媒體上貼什麼圖文。

我也在學習用不同的方式欣賞和享受水。現在當我回到泰斯特河做嚮導時，我也會以不同方式享受它獨特的水域：穿上潛水衣，好讓我可以真正游過這條白堊溪流，探索魚群聚集和藏身的地方，像魚群一樣感受河流，看見即使在如此清澈的水中也無法從上面看到的景象。而當我仍佇立在岸上時，也以不同的眼光看待水：有了更多的耐心和洞察力，也許比以前少了一點急切，但對水中世界的著迷絲毫未減。我已教會自己用更生動的細節來描繪這幅畫面，評估一個河段，能夠立即看到水流湍急的地方，那些暗示較深水域的玻璃般平靜的水域，以及兩股水流之間的縫隙，那裡可能有一隻鱒魚正在休息。沒有一條河流是一成不變的，而學習欣賞每段水域的不同深度、流速、方向和顏色，都是釣魚無窮魅力的一部分。

現在我愈來愈常在泰恩河上練習這些觀察技巧，泰恩河已成為我的家鄉河流，是我釣魚生涯中最新的支流，這段生涯中包含了一些我永遠不會再去的地方，以及其他我忍不住想重訪的地方。到了夏天，我就會前往斯佩河，租一幢房子，帶朋友一起去度過一年一度的蘇格蘭假期，就像我父母過去常做的那樣。有的朋友我認識了一輩子，有的則是透過釣魚而相識，全都齊聚一堂。隨著我們各自人生的逐步發展，走上新的道路，釣魚始終是我們不變的交集。克蕾兒是我在一次釣魚展覽會上認識的，當時她突然主動上前與我攀談，現在她有一個兒子，而我是他的教母。因此，當我們到河裡釣魚時，現在會有一雙穿著防水長筒靴的小腳在河岸上跑來跑去，這情景會把我帶回那些童年的日子，那時我總是靜不下來、無法長時間握著釣竿，卻最愛待在水邊。

如同鮭魚跳躍過瀑布到達出生地的河流一樣，我總是一貫地被吸引回到熟悉的水域，比如斯佩河，回到我第一次發現釣魚真正意義的所在，回到我第一次感受到伴隨釣魚而來的澎湃喜悅和陣陣挫折、開始學習那些將決定我人生道路的技能的地方。斯佩河的壯麗與不朽中的獨特魅力——河水自然是不斷在變化，卻也會帶給人安定的熟悉感——使它成為我垂釣生活中不可或缺的伴侶。

隨著我的生活不斷進展，經歷了不可避免的起起落落，我才開始充分體會到釣魚在其中扮演的角色。幾乎從我二十出頭重拾釣竿的那天起，我一直都知道釣魚是我平靜的來源，那是一種只有我在水上、最好是在水裡時才會存在的平和感。不過，我漸漸才發現，釣魚也是任何生命最重要的面向——延續和傳承——的泉源。正如斯佩河在蘇格蘭鄉間刻劃出一條河道，釣魚也在我的生命中繪製出一條路徑。在一些較寬闊的河段，河水占有主導地位；在一些較狹窄的河段，河水幾乎隱沒無蹤；有些區域沐浴在燦爛陽光下，有些區域則處於陰影中；有的區域有壯麗的森林，有的區塊則幾乎光禿禿、毫無特色。如果回想我在我的釣魚旅程中某個時間點的位置，我也可以告訴你當時我處在人生旅程上的哪個位置——我的感受、主宰我思緒的想法和憂慮、我懷抱的希望和恐懼。我拜訪過的釣魚地點，一起釣魚的人和釣獲的魚，都是我靈魂地圖上的標記點。

就像阿里阿德涅的線（Ariadne's thread）[36]，這條不斷展開的釣魚回憶與經驗之線，帶領我走出了感覺黑暗與無法穿越的角落。它連接了我生命中許多最重要的時刻，也延伸到我意識之外的領域，進入我讀過和聽過的舊時故事中——我母親講述的釣魚經驗，那些為女性垂釣者鋪路的先驅的故事——並朝著一個我只能懷抱希望與期待的未來延伸而去。我一直告訴自己，只要緊握這條線，我就永遠不會真的在人生中迷航。我緊抓住它，是因為我知道生命的無常，那是沒有人在二十一歲時會知道的——原本應該是永久的誓言可以如何被打破，看似永恆的友誼可能如何失去，還有失去最親近的人意味著什麼。

36 編按：源自希臘神話故事，雅典英雄忒修斯（Theseus）被困在克里特島的迷宮中，愛上他的阿里阿德涅給了他一條線，讓他能夠在迷宮中標記路徑，從而安全找到出口。常被用來比喻解決複雜問題的線索。

在這樣的背景下，我真正可以依賴的就是釣魚，它不會受到生活和人際關係變幻無常的影響。我清楚，無論我到哪裡、和誰在一起，我的釣竿、捲線器和釣線永遠是我最值得信賴的夥伴。我知道釣魚永遠會在我身邊，就像它所屬的那片風景一樣永恆。

現在，當臨時收到邀請，要去世界另一端某個令人興奮的地方釣魚時，我會毫不猶豫地答應。就像回到塞席爾群島的那次旅行，我看到一條鯊魚在追捕一條我剛剛釣後釋回的北梭魚時，我整個人失去理智，差點不顧一切地追過去保護那條魚，身邊的人不得不把我攔住。斯蒂芬和我會分享彼此的冒險經歷，同時也保有追求自己的冒險的自由。每當我們把對方送到機場道別時，斯蒂芬總會對我說：「下個地方見。」

我心裡也很清楚，無論我接下來要前往世界的哪個角落，國內的下一個釣魚季節來臨時，我總是會回到家鄉——在泰斯特河琴酒般清澈的水域擔任嚮導，歡迎新舊學生來到史雲頓，並在蘇格蘭再次享受我最愛的鮭魚垂釣。

有時候我擔心自己太反覆無常，前一刻還在追求穩定的理想家庭生活，下一刻又開始渴望旅行的自由。不過，我已明白這個選擇題是錯誤的。家不一定代表一個地方，家庭不一定需要牢牢紮根在某處，旅行也不要求你成為無根之人。我可以追逐我夢想中的河流和魚類，同時知道我總是可以回到我最熟悉的水域。我接受家的安逸不會成為我無法逃脫的網，旅行的距離也不會讓我遠離最重要的事物。

就像我生命中的許多部分，這是釣魚教我的一堂課：我可以在所有渴望去的地方，成為各種不同版本的自己。釣魚讓我明白，熟悉事物的價值，與未知事物予人的興奮是同等重要的；美不僅存在於學習新的事物中，也存在於反覆練習相同的技能中，直到它內化為你的一部分，成為一種本能的身體語言，其機制已融入大腦中超越意識思考的一部分。

釣魚的喜悅在於，它不斷提醒你要回顧舊的教訓，也要尋找新的挑戰。花費無數的時間來掌握和磨練基本技術，會為你帶來獎賞，但學習在不同的條件和環境下拋竿所要求的無數細微差異和變化，也會令你耗盡心力。你必須持續努力提升基本技巧，同時善用新的巧技來加以修飾；就像每年都重新粉刷房子，卻發現每次都會增建新的樓層。當一名記者問傳奇釣手兼拋竿導師瓊．武爾夫（Joan Wulff），需要多長的時間才能成為「真正厲害的拋竿者」時，她的回答說明了一切：「這取決於你願意承受多少精神上的痛苦。我花了五十年才走到這一步。」

正如武爾夫所說的，這就是釣魚的美麗與詛咒，對任何投身於這項任務的人來說，它註定是未完成的工作。一想到只要我還在釣魚，情況就一直會是如此，真是既令人生畏又誘人。旅程將會繼續，但永遠不會到達終點。前方永遠會有另一支毛鉤，另一尾魚，另一條河。

≋

「走啦，我們再試一次嘛。」

傍晚色彩豐富的光線暗示著旅程即將結束，我們這群人不只是一天空手而回，而是三天。就像那個夏天英國所有的河流一樣，碧悠里河（Beauly）的水位很低，缺乏雨水，魚群也不多。但這似乎並不重要。當時我與我生命中最重要的幾個人在一起，做我喜愛的事情：和我的哥哥馬庫斯、他的朋友湯姆（十年前我曾和他一起在泰恩河釣魚），以及我的朋友荷莉（現在是湯姆的新婚妻子）一起釣蘇格蘭鮭魚。

最後一位成員是我的教父亞德里恩，八歲那年我在斯佩河釣上一條海鱒最後卻讓魚溜走時，他也在場。正如他指出的，這是我們在那之後第一次一起釣魚，建議我們兩人再出去釣釣看的也是他，說不定我們可以抓住那難以捉摸的魚咬鉤的機會。湯姆指向穿過樹林的一個我們尚未探索的潭區，接著我們一起涉過一條小溪，到達那個潭區的前方。那晚天氣溫暖，陽光也持續穩定照耀著。我首先上前，綁上一支陽光管毛鉤，用這種簡單的方法看看是否能誘魚浮上來。很快地，我就進入了斯佩拋投的節奏中，快速地沿著潭區移動。

「妳的拋投真棒！」

我只陶醉在這句讚美中一秒鐘，就聽到了另一句「好話」。「但我可是會釣到魚的。而且我要釣到妳錯過的那條魚。」亞德里恩已經開始了，他在我身旁動作更慢也更謹慎。當我聽到他的笑聲時，我就知道他中魚了，我放下自己的釣竿，去看他把一條漂亮的產卵鮭釣上岸，就像看著我自己釣起的第一條海鱒。回到大夥身邊時，更多歡樂隨之而來，我不得不承認他比我技高一籌，用釣魚術語來說就是：「擦亮我的眼睛」（wiping my eye）。我不斷追問他到底是用了什麼招數誘魚咬鉤，在我們道再見的時候，他才給我看了他的毛鉤：一個看似簡單的樣式，一個小小銅色的長管上方，綁著一小撮紅色的獸毛，加上一點銀色的人造纖維。即使經過這麼長的時間，釣魚的裝備和經驗依然不斷地傳承著。

釣魚的成果可能會被忘記——我們五個人三天只釣到了一條魚——但是這趟旅行本身卻意義非凡。我母親有一天來和我們一起吃午餐時，感覺就像是我釣魚生活中的所有人和許多部分，全都聚集在同一個河岸上了。我只要閉上眼睛，就能回到當年與馬庫斯一起在唐寧頓（Donnington）的湖邊的時光，我們拖著蝦網在水裡走來走去，媽媽在一旁警告我們不要發出太大的聲音。回到八歲那年的斯佩河，感受到我的釣線繃緊與完全出乎意料的拉扯時，那種無法控制的興奮感。回到歐克爾河，釣到我有生以來的第一條鮭魚，還不懂為什麼大家都說釣鮭魚非常困難。

正如釣魚能讓人沉浸在當下，它也有本事在記憶中激起漣漪。去過許多地方、親眼見過許多有天分的垂釣者之後，當我想到釣魚時，最先想起的仍然是我的母親，穿著她的斜紋軟呢毛衣，做出一個接一個乾淨俐落的拋投。我一邊看著她垂釣，一邊急忙跑下河岸，用一個切成兩半的寶特瓶舀起小鮭魚苗。我想起那些在回憶中感覺比較長的夏日，還有我們釣到的魚，年代最久遠的記憶，卻也是最清晰的記憶。回味這些往事的同時，我也期待著有一天我會有自己的家庭和孩子。我知道身為一個母親，我會做的最有價值的事情之一，就是把撈網和釣竿放到孩子們的手中，像我的母親教導我一樣地教導他們。

透過釣魚，我可以看到自己經歷過的所有生活，以及所有我現在期望的生活仍在前方等待。我知道，我永遠不會厭倦垂釣溫和的節奏和嚴格的要求、那些我已知的河流的熟悉特徵，以及我未知的河流尚未探索的深處。即使是最熱衷於垂釣旅行的人也可能會承認，沒有什麼比得上你內心深處熟悉的那條河流，彷彿你體內的某一部分已經脫離並埋入了河岸裡。

最重要的是，我永遠不會失去釣到魚的那份激動：它永遠不會消退，但會隨著你經歷不同人生階段而承載著不同的意義。童年時，這份激動是純粹的腎上腺素飆升、興奮和驚喜。到了二十幾歲時，它變成一種成就的標誌，一種衡量進步和感受目標的方式。漸漸地，我體認到這些釣獲的瞬間是多麼地渺小和稍縱即逝，而圍繞著它們的世界又是多麼地偉大——當魚兒咬住毛鉤，釣線因緊繃的張力而彎起時，正是兩個生命的旅程交會的時刻。

接下來的搏鬥，是技巧和技術與意志和生存本能的對抗。這場爭鬥很快就會結束，但旅程並沒有結束。對大多數垂釣者來說，將魚兒釋回，讓牠回到水中並幫助牠重新開始旅程，跟拋竿和捕魚一樣是垂釣過程的本質。這不僅是永續性與合法性的問題，也是道德與尊嚴的問題。經過片刻休息而恢復體力的魚兒，已經準備好返回並繼續牠的旅程。把牠帶到垂釣者的釣線上和撈網中的一連串偶然，逐漸淡化為記憶。河水繼續流淌，魚兒游回大海，大自然也恢復其運行的軌道。

謝辭

即使在最天馬行空的夢中，我也從未想過會寫一本關於我的人生和我最深切的熱情所在——釣魚——的書。PFD（Peters Fraser + Dunlop）的廣播總監 Tris Payne 偶然的提議，讓我意識到我的故事值得分享。我非常感激 Tris 和 PFD 的 Adam Gauntlett 所給予的鼓勵與支持。當 Tris 告訴我，不只英國，美國、德國和台灣的出版社都向我們出價時，我頓時有一種在做夢的錯覺。感謝我的編輯 Kirty Topiwala，在 Hodder & Stoughton 出版社的團隊，以及 Kara Watson 和 Simon and Schuster 出版社的團隊，感謝他們陪伴我走過這條路上的每一步。

我是一名把釣魚當成生活重心的平凡女性垂釣者，而我只是碰巧在對的時間出現在對的地方。我希望我的書能激勵那些從未拿起過毛鉤釣竿的人去嘗試一下，因為我相信那會是一個非常有趣、帶來療癒和滿足感的體驗。

這本書是在許多人的支持與愛護之下寫成的：我人生和釣魚的夥伴斯蒂芬、我的父母、繼母、祖父母、哥哥、其他親人和朋友。特別感謝 Claire Sadler 和 Clare Brownlow 風雨無阻的陪伴。我最親愛的祖父母，感謝你們一直以來的支持，在我去你們家時給我無微不至的照顧，並且在我需要時隨時提供不帶批判的忠告。

感謝我的拋投導師，特別是 Chris Hague 和 Sekhar Bahadur。我還要感謝北方釣魚學校的優秀團隊。過去五年來，他們的支持對業務的成長和成功起了很大的作用。身邊能有一群如此有才幹且盡心負責的人，是我極大的幸運。我也要向塔恩設計（Tarn Graphics）的 Richard 表示感謝，他出色的平面設計技巧，在塑造我的品牌的視覺形象上扮演了關鍵的角色。

我寫這本書是為了紀念瑟橘、提摩西叔叔和米克．梅。提摩西叔叔是我父親的兄弟，他是一個非比尋常的人。儘管他一生都在對抗腎臟病，後來又被診斷出罹患帕金森氏症，最終死於癌症，他仍活出了堅毅和正向的典範。我從未聽過他有一句怨言；見到他人時，他總是充滿喜悅，並關切地詢問對方的近況。每當我面對陰鬱的日子，或者沉溺於抱怨中時，就會想起他的樂觀，並努力在那些時刻成為一個更好的人。

我也要由衷地向米克·梅表示感激，他在我們通電話時總是和藹可親，讓我可以熱情地分享我對他的書的想法，以及這本書給予我的深刻啟發。這份啟發催生了一個構想——為癌症患者和其陪伴者提供免費的釣魚體驗。我很高興我們已經在英國成功建立了兩個場地，也正在順利進行第三個場地的啟用。米克·梅的書不僅激發了這個構想，也成為在背後推動我們完成為面對癌症挑戰的人帶來慰藉和喜悅這個使命的力量。

泰恩河畔有一塊紀念瑟橘的牌匾，這是斯蒂芬送給我的一份貼心的禮物。「有一隻小狗曾在這片河畔漫步，牠的名字是『傳奇』瑟橘。從二〇一五年到二〇二一年，牠為每一位遠近的垂釣者帶來了歡樂。牠跟你我一樣，熱愛在鄉間漫遊，享受壯麗的景致。我們懷念我們的同伴和忠實的朋友。」

在我人生的起伏中，這本書一直陪伴著我，在困難和喜悅的時刻都給予我安慰。在我經歷的種種曲折與轉折中，寫作一直是一個療癒的出口，讓我能夠探索自己的情緒和理解生命的意義。在面對個人的掙扎時，寫作提供了一個安全的空間，讓我可以把內心最深處的想法和感受表達出來，在自我揭露的過程中找到慰藉。

一九九五年，五歲的我第一次拿起釣竿。十六年後，釣魚占據了我的人生，從此我便對釣魚充滿熱情。我希望在未來的許多年，能夠繼續與他人分享我對戶外活動的熱愛。

專有名詞解說

特定河段（**Beat**）：一條劃定的釣魚河段，可長達幾哩。

摃龜（**Blank day**）：沒有釣到魚的日子（仍然可以是很愉快的一天）。

拋投（**Cast**）：透過前後揮動釣竿來帶動釣線，進而將毛鉤拋向目標水域的動作。是一種會根據魚類、水域和條件的不同而有無窮變化的技術。

釣後釋回（**Catch and release**）：將釣獲的魚釋回水中的做法。在現代釣魚活動中，當涉及到野生魚類，尤其是瀕臨絕種的魚類（如大西洋鮭魚）時，這種做法極為普遍。

毛鉤（**Fly**）：連接在釣線最末端的鉤子，通常會在鉤身上綁上人造材料或天然毛材，以模擬魚類會加以捕食的水生生物的外觀。主要種類包括乾毛鉤（dry fly，用於水面上）、若蟲（nymph，用於水面下）和飾帶毛鉤（streamers，在水中拉動以模擬游動的獵物）。

毛鉤釣（**Fly fishing**）：以人造毛鉤為基礎的釣魚方式，用設計精巧的毛鉤模仿昆蟲、餌魚或魚類食用的其他獵物。與路亞釣法相比，路亞釣法使用的是有一定重量的釣餌，是設計用來在水下旋轉，吸引魚的注意（最適合需要覆蓋較大的水域時使用），而毛鉤釣則是使用重量平均分布的釣線，來帶動重量微乎其微的毛鉤。

吉利（**Ghillie**）：傳統的蘇格蘭釣魚嚮導及特定河段管理者。

產卵鮭（**Grilse**）：在經過一個冬天之後，就從海洋回到牠的家鄉河流的大西洋鮭魚（大多數的大西洋鮭魚會在海上停留兩到三年，使身型長得更大，並增加繁殖潛力——如果牠們能在險惡海洋中存活的話）。

釣魚嚮導（**Guide**）：釣魚專業人士，通常是當地的專家，受雇於遊客以協助他們在湖泊、河流或海域釣魚。嚮導知道魚群聚集的地點和時間、哪一種毛鉤最有可能釣到魚，以及應該使用哪種拋投方法。

曳引（**Haul**）：在前拋和後拋時拉扯釣線來增加竿身的彎曲度，進而增加釣線飛行的速度與拋投的距離。

著鉤（**Hook**）：魚咬住毛鉤、金屬鉤尖貫入魚嘴的那一刻，會使垂釣者感受到拉扯

（「鉤住」魚）。「angler」（垂釣者）一詞源自古英語的angol（意為「鉤子」），因此「angling」和「angler」分別是釣魚（fishing）和釣客（fisherman）的同義詞。

主辦人（Host）：釣魚旅行的團體領隊和（或）旅行策劃人，負責安排行程並確保旅客獲得照顧。有別於純粹專注於釣魚的嚮導。

線結（Knot）：用來將釣線連接或和釣餌綁在一起的技巧。典型的種類包括用於繫住毛鉤的半血結（half-blood knot）：釣線穿過鉤眼，繞出一個圓圈後再接著纏繞數圈，最後穿過圓圈，然後拉緊。血結或克林奇結（clinch）使用類似的技術將兩條釣線綁在一起，每條線都繞著另一條線打結。一個完美環結（perfection loop）有多種用途，例如將毛鉤固定在釣線的末端，或者將兩條釣線個別在一端綁出線圈，再將兩個線圈對套以連接兩條線。

符合羽化（Matching the hatch）：在毛鉤釣中，透過選擇與魚類的下一餐看來最相近的毛鉤，來嘗試複製魚類覓食習慣的作業。在釣具店和河岸上，這是一個不斷引發爭論的話題。「羽化」指的是水生昆蟲從水中或近水處展開翅膀出現的時候，這時會吸引更多魚群靠近水面，也代表是垂釣者的黃金時段。

控線（Mend）：操控毛鉤釣的釣線，以防止毛鉤移動太慢或被水流拖動得太快。

洄游魚類（**Migratory fish**）：如鮭魚和海鱒這種在河川出生的魚類，會遷徙到海洋中覓食和成熟，然後再返回河川產卵。

合乎自然的形態（**Natural presentation**）：在毛鉤釣中，讓毛鉤呈現出最符合生物本身在水面上或水中移動的姿態。

搏魚（**Playing the fish**）：垂釣者在魚咬鉤和入網之間所做的努力。魚通常會尋求「逃跑」，以脫離鉤子並逃離追捕者。「搏魚」是指給魚足夠的釣線，讓牠在一次或幾次的衝刺中耗盡體力，然後再選擇適當的時機施加壓力，揚竿起魚將牠入網。施力過早可能會引發一場導致斷線或脫鉤的拉扯戰。用力不足則會導致竿先和毛鉤之間的釣線鬆弛，很容易造成毛鉤從魚嘴中脫落。

潭區（**Pool**）：較深、流速較慢，通常有遮蔽物的河段，魚兒容易聚集在此休息，吸引釣魚者的興趣。「潭區」也指某些河段的特定知名釣點。例如，在史雲頓莊園的果和（Nutwith）河段，最著名的兩個鮭魚釣點被稱為「瑪琪絲」（Madges）和「羅馬福特」（Roman Ford）。

捲線器（**Reel**）：附在釣竿上的機械裝置，用來將釣線捲存於線軸上，並在搏魚時透過煞車系統增加魚將線拉出捲軸時的阻力。

作合（**Set**）：魚咬了毛鉤後，為了固定鉤子所做的動作。手法根據魚類而異，這可能涉及拉扯魚線（收線作合）、將釣竿向上猛提（揚竿作合）或兩者結合（strip strike，同時拉扯釣線並揚竿作合），如果對象魚是鮭魚，我們只需稍作停頓，讓魚有時間咬住毛鉤並轉身游走後，再揚竿即可。

放流魚苗（**Stocked fish**）：經人工繁殖後放流到野外水域的魚類，讓漁場能維持魚群數量。

收線（**Strip**）：拋投後手動拉拽釣線的過程，無論是為了保持釣線的緊繃度，還是幫助毛鉤在水中或水面移動，或者在某些情況下是為了作合。

就餌（**Take**）：魚咬住毛鉤的瞬間，垂釣者可以感覺到釣線上的阻力。

抛竿人生

英國新世代頂尖女釣手突破限制，勇敢追尋自我與夢想的非凡旅程

Cast, Catch, Release: The inspiring and uplifting memoir about fishing, rivers and the power of water

作　　者　瑪莉娜‧吉布森 Marina Gibson
譯　　者　蘇楓雅
封面設計　萬勝安
內頁排版　高巧怡
行銷企劃　蕭浩仰、江紫涓
行銷統籌　駱漢琦
業務發行　邱紹溢
營運顧問　郭其彬
責任編輯　林慈敏
總 編 輯　李亞南
出　　版　漫遊者文化事業股份有限公司
地　　址　台北市103大同區重慶北路二段88號2樓之6
電　　話　(02) 2715-2022
傳　　真　(02) 2715-2021
服務信箱　service@azothbooks.com
網路書店　www.azothbooks.com
臉　　書　www.facebook.com/azothbooks.read

發　　行　大雁出版基地
地　　址　新北市231新店區北新路三段207-3號5樓
電　　話　(02) 8913-1005
訂單傳真　(02) 8913-1056
初版一刷　2025年5月
定　　價　台幣450元

ISBN　978-626-409-087-2

國家圖書館出版品預行編目 (CIP) 資料

抛竿人生：英國新世代頂尖女釣手突破限制，勇敢追尋自我與夢想的非凡旅程 / 瑪莉娜．吉布森 (Marina Gibson) 著；蘇楓雅譯．-- 初版．-- 臺北市：漫遊者文化事業股份有限公司出版；新北市：大雁出版基地發行，2025.05
256 面；14.8×21 公分
譯自：Cast, catch, release : the inspiring and uplifting memoir about fishing, rivers and the power of water.
ISBN 978-626-409-087-2(平裝)
1.CST: 吉布森 (Gibson, Marina) 2.CST: 自傳 3.CST: 英國
784.18　　114002517